HEYNE<

Cordula Weidenbach, Jahrgang 1974, lebt mit ihrem Mann, einer 10-jährigen Tochter und einem 8-jährigen Sohn in München. Beeindruckt von deren ganz besonderem Blick auf die Welt, sammelt sie schon seit Jahren die besten Aussprüche von Kindern, recherchierte im Bekanntenkreis, in Kindergärten, Schulen und auf Spielplätzen.

Cordula Weidenbach

Opa ist am Kopf barfuß

Die besten Kindersprüche

Wilhelm Heyne Verlag
München

Quellen

Die meisten Zitate stammen von Kindern aus dem Bekanntenkreis, andere wurden in Schulen und Kindergärten gesammelt, wieder andere kommen aus dem Internet, und einige wurden aus dem Englischen übersetzt. In Fällen, in denen das jeweilige Kind unbekannt war oder anonym bleiben sollte, wurden fiktive Namen und Altersangaben verwendet.

Verlagsgruppe Random House FSC® N001967
Das für dieses Buch verwendete FSC®-zertifizierte Papier
Tauro liefert Sappi, Stockstadt.

Originalausgabe 05/2015

Copyright © 2015 by Wilhelm Heyne Verlag, München,
in der Verlagsgruppe Random House GmbH
Printed in Germany 2015
Redaktion: Anja Freckmann, Bernried
Umschlaggestaltung: Hauptmann & Kompanie Werbeagentur,
Zürich, unter Verwendung einer Illustration von Jonathan Weidenbach
Satz: EDV-Fotosatz Huber/Verlagsservice G. Pfeifer, Germering
Druck und Bindung: GGP Media GmbH, Pößneck
ISBN: 978-3-453-60306-6

www.heyne.de

Inhalt

Vorwort 7

Liebe und Heirat 9
Ich heirate mal meine Mama. Die kenn ich schon.

Schwangerschaft und Babys 21
Um schwanger zu werden,
muss man sehr viel essen.

Familienbande 33
Unser Papa kann kochen und putzen.
Der ist richtig gezähmt.

Kindergarten und Schule 45
Treiek. Firek. Rundek.

Beruf und Geld 59
Wenn ich groß bin, werd ich Pferd.

Gott und Religion   71
Gestern waren wir in der Kirche,
aber Gott war nicht da.

Tiere und Pflanzen   83
Die Fische legen Leichen ab, um sich zu vermehren.

Essen und Trinken   95
Die Chinesen essen mit Fischstäbchen.

Körper und Gesundheit   107
Wenn man sich den Puls fühlt und nichts spürt,
ist man tot.

Erde und Mensch   121
In New York steht die Freizeitschtatue.

Fragen und Erkenntnisse   131
Wer ist eigentlich diese Starwurst?

Vermeintes und Versagtes   145
Ich kann auf dem Klavier schon das Alphabet spielen.

Dies und das   159
Gleich find ich immer so lang.

Danksagung   173

Vorwort

Kinder sehen die Welt mit anderen Augen, denken magisch, leben den Moment und stören sich nicht an Widersprüchen. Genauso normal wie Wale, die aus ihrem Rückenloch Wasser spritzen, sind Fische, die Leichen ablegen, um sich zu vermehren. Oder das Murmeltier, das in der Murmelbahn lebt.

Dabei beschönigen Kinder nichts und sind erfrischend ehrlich bis gnadenlos pragmatisch. Bei Mama sieht man immer noch, dass sie mal jung war, ohne Papa müsste man alle Essensreste wegwerfen, und Oma wurde schon auf den Friedhof gepflanzt.

Wer sich auf diese ganz eigene Wahrnehmung einlässt, entdeckt wahre Alltagsschätze. Von Chinesen, die mandarinisch sprechen, über Menschen mit Gehirnverschüttung bis hin zu den Heiligen Drei Königen, die Gold, Weißkraut und Möhre bringen.

Mit großem Vergnügen habe ich diese lustigen, erstaunlichen, rührenden und auch oft weisen Sprüche gesammelt und wünsche allen Leserinnen und Lesern eine unterhaltsame Reise durch dieses Buch und die Kinderwelt von Hamsterdam bis zum schiefen Turm von Pizza.

Cordula Weidenbach
München, im Dezember 2014

Liebe und Heirat

Ich Heirate mal meine Mama.
Die kenn Ich schon.

Marta (8 Jahre): »Die Liebe findet einen immer, egal wie gut man sich versteckt.«

»Bei der Liebe wird man von einem Pfeil getroffen, alles, was danach kommt, sollte aber nicht mehr wehtun.« (Sofia, 8 Jahre)

Tim (8 Jahre): »Das Wichtigste im Leben ist Liebe. Aber Fußball ist auch ziemlich wichtig.«

»Wenn ein Mann und eine Frau sich verlieben, lügen sie sich zuerst ein bisschen an, damit sie sich auch füreinander interessieren.« (Michael, 10 Jahre)

»Die Rendezvous sind da, um sich zu amüsieren, und die Leute sollten diese Gelegenheit nutzen, um sich besser kennenzulernen. Sogar die Jungs haben irgendetwas Interessantes zu sagen, wenn man ihnen lange genug zuhört.« (Liane, 10 Jahre)

Brad (8 Jahre): »Verliebte starren sich nur gegenseitig an, bis das Essen kalt ist.«

»Am Valentinstag denkt man an die Verstorbenen.« (Jonathan, 6 Jahre)

Malte (6 Jahre), als er ein Paar sieht, das sich küsst: »He, er versucht, ihren Kaugummi zu klauen!«

Henri (8 Jahre): »Wenn du eine Frau küsst, musst du sie heiraten und mit ihr Kinder haben. So ist das eben.«

»Man soll nie vor anderen Leuten küssen. Das ist total peinlich. Aber wenn einen niemand sieht, würde ich es mit einem hübschen Jungen versuchen. Aber nur für ein paar Stunden.« (Kally, 9 Jahre)

»Im Fernsehen drücken die nur den Mund aufeinander, aber in echt muss man sich die Zunge im Mund herumschieben, sonst ist man nur botanische Freunde.« (Ole, 8 Jahre)

»Wenn zwei Verliebte sich zum ersten Mal
küssen, kippen sie gleich um und stehen
mindestens eine Stunde lang nicht mehr auf.«
(Ruth, 8 Jahre)

*»Seine Mama kann man immer küssen.
Bei allen anderen Frauen muss man um Erlaubnis
fragen.« (Roger, 6 Jahre)*

Gina (8 Jahre): »Ich weiß, warum Küssen
erfunden wurde. Es wird einem warm dabei,
und früher gab es ja noch keine Heizungen
oder Öfen in den Häusern.«

»Wenn ich erst mal aus dem Kindergarten raus bin,
suche ich mir eine Frau und heirate.«
(Jonah, 5 Jahre)

*Im Kindergarten unterhalten sich Lisa, Hannah und
Nicola über Hochzeiten. Nicola (5 Jahre), wehmütig: »Ich
würde gerne heiraten, aber ich habe den
Richtigen noch nicht gefunden.«*

Ich habe mich verknallt, aber es tut gar nicht weh.

Mama: »Warum fasst du meinen Bauch an?«
Timo (6 Jahre): »Weil ich noch keine Frau habe.«

*»Man muss jemanden finden, der die gleichen Sachen mag.
Wenn du gerne Fußball magst, muss sie auch mögen,
dass du gerne Fußball guckst, und dann Chips und
das Bier bringen.« (Alain, 10 Jahre)*

»Um jemand zum Heiraten zu finden, muss man
entweder in ein anderes Land fahren oder
in den Wald gehen.« (Luis, 5 Jahre)

Jonna (4 Jahre): »Ich kann später leider keine Mama
werden, weil ich nie einen Mann finden werde,
der aussieht wie mein Papa.«

*»Morgens kuschle ich immer mit Mama,
da mag ich keine anderen Männer in ihrem Bett.«
(Ben, 6 Jahre)*

Anna (5 Jahre): »Ich werde einmal eine Frau
heiraten. Ich möchte selbst keine Kinder kriegen,
weil das Kinderkriegen so wehtut. Aber meine
Frau kriegt dann die Kinder.«

»Wenn ich groß bin, heirate ich gleich
zwei Frauen, eine auf Reserve.«
(Hannes, 6 Jahre)

Lara (5 Jahre) zu ihrem zweijährigen Bruder:
»Lukas, ich heirate dich. Aber ich muss dir was
sagen: Wenn wir groß sind, dann müssen wir uns
leider trennen. Du musst dir eine Frau und
ich mir einen Mann suchen.«

»Für Mädchen ist es besser, nicht zu heiraten,
aber Jungs brauchen jemanden zum Putzen.«
(Isabel, 9 Jahre)

*Paula (5 Jahre): »Ich brauche später mal keinen Mann.
Und wenn ich mal jemanden brauch, der die Leiter
festhält, dann hol ich mir kurz einen.«*

»Man entscheidet nicht wirklich selbst,
wen man heiratet. Gott entscheidet das für dich lange
im Voraus, und dann wirst du sehen, wen er dir da
an den Hals hängt.« (Kirsten, 10 Jahre)

Ich finde bestimmt leicht jemand zum Heiraten. Die Jungs kommen eh gern zu mir weil ich so viel Kleinlego habe.

Zukunftsgespräche beim Abendessen.
Raphael (11 Jahre): »Wozu brauche ich eine Frau? Die kauft sowieso nur Schuhe oder so etwas ein.«

Die Eltern versuchen, Kian auf einer Feier zum Tanzen zu motivieren: »Wenn du gut tanzen kannst, dann rennen dir alle Mädchen hinterher.« Kian (4 Jahre): »Ich kann aber auch schnell rennen …«

»Das beste Alter zum Heiraten ist 84. Da muss man nicht mehr arbeiten und kann die ganze Zeit zusammen im Schlafzimmer verbringen.« (Judith, 8 Jahre)

Jule (6 Jahre): »Bevor sie heiraten, müssen Mann und Frau gründlich prüfen, ob sie mit allen wichtigen Teilen zueinander passen.«

»Heiraten ist gar nicht so schlimm. Ein bisschen Sex, aber sonst geht es …« (Marlon, 6 Jahre)

Eric (6 Jahre): »Heirat bedeutet, dass man das Mädchen behalten darf und es nicht den Eltern zurückgeben muss.«

»Wenn man Kinder haben will, muss man entweder Sex machen oder heiraten.« (Emilio, 7 Jahre)

Kurz vor der Trauung spricht der Pfarrer über die Bedeutung der Worte *In guten wie in schlechten Zeiten, bis dass der Tod uns scheidet.* Anschließend fragt er in den bis auf den letzten Platz gefüllten Kirchenraum: »Kann man so ein Versprechen überhaupt geben?« Er macht eine bedeutsame Pause. »Nein«, antwortet Nick (4 Jahre) in die Stille, sehr laut und überzeugt.

Alma (5 Jahre) zu Kasper (6 Jahre) über die gemeinsame Zukunft: »Wenn wir mal verheiratet sind, hätte ich gerne null bis ein Kinder.«

Ela (5 Jahre): »Männer können keine Männer heiraten, weil dann keiner das Brautkleid anziehen kann.«

*Die Mutter erklärt Homosexualität und dass deshalb
manchmal ein Kind zwei Väter haben kann.
Laurenz (6 Jahre): »Super! Dann muss man nie
die Frau fragen, wenn man Star Wars sehen will.«*

»Bei uns dürfen Männer nur eine Frau
heiraten. Das nennt man Monotonie.«
(Nina, 9 Jahre)

Max (10 Jahre): »Künftige Ehepaare werden
vierzehn Tage lang in einem Schaukasten
am Gemeindeamt ausgestellt.«

*»Damit eine Ehe funktioniert, sollte man der Frau
sagen, dass sie schön ist, auch wenn sie aussieht
wie ein Lastwagen.« (Richard, 10 Jahre)*

Gabriel (5 Jahre): »Verheiratete Paare
halten oft Händchen, damit ihre Eheringe nicht
herunterfallen. Die sind nämlich sehr wertvoll.«

»Verheiratete Paare erkennt man daran,
dass sie nach denselben Kindern schreien.«
(Derrick, 8 Jahre)

Schwangerschaft und Babys

um schwanger zu werden muss man sehr viel essen.

Mama: »Wenn sich zwei Menschen lieb haben, dann bekommen sie vielleicht ein Baby.«
Fabio (5 Jahre) mit großen Augen:
»Und wenn sie sich ganz fest lieb haben, dann bekommen sie Zwillinge!«

Robin (4 Jahre): »Der Papi streut die Samen, und die Mami legt ein Ei. So entstehen die Babys.«

»Wenn Mama und Papa ganz lieb miteinander sind und nicht streiten, dann kommt ein Baby raus.«
(Maximilian, 4 Jahre)

Merle (9 Jahre): »Wenn Frauen zu viel Männersamen abbekommen, wachsen ihnen kleine Bärte.«

»Wenn ihr das nächste Mal sext, schau ich zu. Ich will mal wissen, wie das geht.«
(Luisa, 7 Jahre)

> »Wenn ich bei meiner Mama unten reinpisle, wird sie auch schwanger.« (Sebastian, 6 Jahre)

Maximilian (9 Jahre) wird aufgeklärt. Nachdem er eine Weile darüber nachgedacht hat, fragt er ungläubig: »Papa, glaubst du, hier im Ort hatte schon mal jemand SEX?«

Sophie und Lisa überlegen, wie Babys entstehen. Sophie (5 Jahre) vermutet: »Das mit den Störchen stimmt auf keinen Fall. Die Eltern trauen sich nur nicht, die Wahrheit zu sagen!«

»Schwanger werden ist einfach. Dafür nimmt die Mama so einen Papierstreifen und pinkelt drauf. Das ist alles.« (Jana, 6 Jahre)

Emilia (6 Jahre): »Mama, kannst du mir noch einen Bruder machen?«
Mutter: »Ich weiß nicht, ob ich noch Nerven für ein drittes Kind habe, Emi…«
Emilia: »Was sind Nerven, Mama?«

Wenn die Babies Geboren sind, müssen sie erstmal gewaschen werden. Sie komen ja schlißlich aus dem Po.

Lola (2 Jahre) bekommt ein Geschwisterchen und betrachtet ausgiebig Mamas Wölbung. Plötzlich fällt ihr freudiger Blick auf den Bauch des Vaters: »Papa, auch ein Baby drin!«

»Ich hätte gerne noch ein Brüderchen,
aber meine Mutter nimmt immer Tampons.«
(Marlene, 9 Jahre)

Max (3 Jahre) wünscht sich sehnlichst Geschwister. Beim Einkaufen hat er einen Geistesblitz: »Mama, können wir nicht im EDEKA eine Schwester kaufen?«

Raphael (8 Jahre) ist zufrieden, als er erfährt, dass er einen Bruder bekommt: »Auf einen Bruder können wir aufpassen, mit einer Schwester muss man mit Barbiepuppen spielen.«

Als er mit Mama, Papa und seinem kleinen Bruder beim Abendbrot sitzt, stellt Jonas (3 Jahre) fest: »Ich habe gar keine Schwester, nur einen Bruder.« Nach einer Pause: »Ich brauch noch eine Schwester, aber dann machen wir Schluss mit den Babys.«

*Lilly (4 Jahre): »Mama, hast du noch genug Eier für eine Schwester?« Mama: »Ja schon, aber weißt du, Lilly, vielleicht wird es dann auch ein Bruder.«
Lilly: »Nee, dann lieber einen Hund.«*

Mama ist schwanger, und Lena (6 Jahre) freut sich riesig auf das Geschwisterkind:
»Mama, ich möchte so gerne mal das Brüderchen sehen! Mit einer Lupe müsste man es doch sehen können!«
Mama: »Tja, Lena, mit einer Lupe klappt es nicht. Das geht leider nur mit einem Ultraschall.«
Lena: »Wenn es lesen könnte, dann könnte ich ihm wenigstens einen Brief schreiben!«

»Wenn eine Frau ein Baby bekommt, wird sie Gebärmutter.«
(Jasper, 5 Jahre)

»Wenn Babys noch ganz klein sind, haben die Mamis sie im Bauch.
Da können sie nicht geklaut werden.«
(Freddie, 5 Jahre)

Benedikt (4 Jahre) schreit laut herum.
Mutter: »Nicht so laut, Benedikt! Sonst erschrickt
doch das Baby im Bauch!«
Benedikt: »Mama, dann sag dem Baby bitte,
dass das nicht ich war. Sonst mag mich
das Baby nicht mehr …«

Toms hochschwangere Mutter bekommt von
einer Freundin, die zu Besuch ist, etwas verfrüht
eine Babyrassel geschenkt.
Der dreijährige Tom starrt das Spielzeug eine
Weile an und hat dann einen Geistesblitz:
»Mama, schlucken!«

*Raphael (6 Jahre): »Wie ist das, wenn ein Kind
eine schwarze Mutter und einen weißen Vater hat?«
Mama: »Na, dann hat das Kind
eine gemischte Hautfarbe.«
Raphael: »Wie denn – eine Hälfte weiß und
eine Hälfte schwarz?«*

»In der Schwangerschaft isst das Baby
den Mutterkuchen. Der schmeckt aber ziemlich
schlecht, glaube ich.« (Jonathan, 6 Jahre)

»Meine Mama hat ein Baby im Bauch, aber ich weiß nicht, wie sie das runtergeschluckt hat.«
(Julius, 4 Jahre)

Eva (6 Jahre): »Mama cremt in der Schwangerschaft ihren Bauch immer mit Öl ein, damit unser Baby später keine Streifen bekommt.«

Henrik (6 Jahre) nach der Aufklärung: »Jetzt versteh ich das. Die Gewehrmutter schießt bei der Geburt das Kind nach draußen.«

Carlotta (6 Jahre): »Ich weiß, wie das Baby rauskommt, Mama. Der Arzt schneidet ein Loch in deinen Bauch, holt das Baby raus und klebt dann alles mit Tesafilm wieder zu.«

»Wenn ein Baby zu früh geboren wird, kommt es in den Brotkasten.«
(Paolo, 6 Jahre)

Es Gibt Auch Frauen Die Haben Zwei Busen Obwohl Sie nur Ein Kind Haben.

»Am besten gewöhnt sich ein Baby
an seine Eltern, wenn sich Mutter und Vater
beim Stillen abwechseln.« (Julia, 6 Jahre)

»Mama, in deinem Busen ist bestimmt noch Milch drin.
Der hängt so runter.« (Laurenz, 6 Jahre)

»Mein kleiner Bruder ist schon abgestillt.
Jetzt muss er noch abgeflascht werden.«
(Kim, 6 Jahre)

*Linus (3 Jahre) möchte auf einmal wieder gestillt werden.
Mama wehrt ab: »Ach, Linus! Du bist ja schon ein großer
Junge, du isst bereits Brot mit Käse!« Linus mit fasziniertem
Blick auf den Busen: »Ist da jetzt Käse drin?«*

*Eva-Lotta (7 Jahre) über ihren Bruder
Mattis: »Mein Bruder ist so schwer wie
ein Elefantenbaby!«*

*Gabriel (4 Jahre):
»Müssen Mütter auch Gras essen,
damit Milch aus den Brüsten kommt?«*

Raphael (10 Jahre) über seinen einjährigen Bruder: »Sind eigentlich Timos Kopfhälften schon zusammengewachsen?«

»Also, ich mach später meinem Kind nicht den Popo sauber. Das kann der Papa machen!« (Hanna, 4 Jahre)

»Eigentlich ist Adoptieren besser. Da können sich die Eltern ihre Kinder aussuchen und müssen nicht nehmen, was sie bekommen.« (Zoey, 8 Jahre)

Nils (10 Jahre) schreibt über den Schulausflug: »Wir gingen mit unserer Lehrerin im Park spazieren. Gegenüber dem Park war ein Haus, wo die Mütter ihre Kinder gebären. Eine Gebärmutter schaute aus dem Fenster und winkte uns zu.«

Emilia (4 Jahre) möchte mit ihrer 2-monatigen Schwester im Freibad allein in das Kinderbecken gehen. Mama: »Du kannst noch nicht allein mit Carlotta schwimmen gehen.« Emilia erwidert: »Aber Carlotta kann doch schwimmen. Sie ist doch in deinem Bauch auch im Wasser gewesen!«

Familienbande

Unser Papa kann kochen und putze[n]
Der ist richtig gezähmt.

Johann (7 Jahre):
»Wenn wir Papa nicht hätten,
müssten wir alle Essensreste wegschmeißen.«

Lukas (3 Jahre) morgens im Bad:
»Papa, du musst jetzt duschen,
sonst wirst du noch schmutziger.«

»Von Papa hab ich mich abgesohnt,
der schimpft immer mit mir.«
(Leonard, 6 Jahre)

Ella (8 Jahre): »Mein Papa trainiert
immer im Fitnessstudio, damit er einen
Waschbärbauch bekommt.«

Mama singt am Bett ein Schlaflied vor.
Jule (4 Jahre): »Huste doch mal, ob es
sich dann vielleicht besser anhört.«

Die Mutter ist gut gelaunt und pfeift morgens ein Lied.
Marie (6 Jahre) blickt sie begeistert an: »Mama,
du bist wirklich die größte Pfeife!«

»Wenn ich die Mama nicht hätte,
wär ich so traurig wie dreißig
tote Fliegen.« (Simon, 6 Jahre)

Lasse (8 Jahre): »Meine Mama ist echt schön,
man sieht immer noch, dass sie mal jung war.«

Morgens im Bett schmiegt sich Len (4 Jahre)
ganz fest an seine Mutter: »Ach, Mama,
ich hab mich in dich verkuschelt.«

Maximilian (4 Jahre):
»Mama, du hast Haare auf der Stirn.«
(Gemeint waren Falten.)

Jasmin (5 Jahre): »Ich habe Locken.
Papa hat Locken. Mama hat nur Haare.«

»Mein Papa ist Wassermann, und meine Mutter ist Wasserwaage.« (Ryan, 5 Jahre)

Die Familie ist endlich im Urlaub.
Mama küsst Papa überschwänglich.
Eva-Lotta (8 Jahre) bemerkt angewidert: »Ihhh, nicht schon wieder! Ihr habt doch gerade gestern erst …«

»Bei uns hat jeder sein eigenes Zimmer. Nur Papi nicht, der muss immer bei Mami schlafen.« (Nick, 5 Jahre)

Matteo (5 Jahre): »Mein Papa ist ausgezogen, aber meine Mutter wohnt noch bei mir.«

Nach mehreren Aufforderungen,
sein Sohn Ferdinand (3 Jahre) möge sich endlich die Schuhe anziehen, um aufbrechen zu können, verlässt der Vater genervt die Wohnung.
An der Tür sagt er: »Dann bleibst du eben daheim.«
Darauf Ferdinand: »Wenn du dich weiter so benimmst, dann gehen wir zwei nirgendwohin.«

Mama, die gerade ganz verliebt in ihren
Sohn ist, sagt bei einem Oktoberfestbesuch:
»Mein Mattis-Baby!«
Daraufhin Mattis (2 Jahre) ganz empört:
»Bin kein Baby, bin ein Bub! Ein bisschen groß,
ein bisschen klein. Und nicht Rock, Leberhose!«

»Mama, wo wohnt ihr eigentlich, wenn
ich groß bin?«, fragt Leonie (7 Jahre)
mit Blick auf das Haus, in dem
die Familie wohnt.

Raffael (5 Jahre): »Geschwister habe ich keine.
Nur einen Bruder.«

Emanuel (5 Jahre) legt den Arm
um seinen Bruder.
Als der Dreijährige sich dagegen wehrt,
droht Emanuel: »Na, soll ich dich etwa
in eine Schwester verwandeln?«

»Ich habe auch eine Schwester,
die ist aber noch ziemlich neu.«
(Alicia, 4 Jahre)

Bevor ich auf der Weld war mussten meine Eltern mit sich selber spielen.

*Schlichtgespräch einer Mutter mit ihren zwei Kindern.
Mama: »Was wünscht ihr euch voneinander?«
Maximilian (5 Jahre): »Dass du mir nicht immer alles
kaputt machst.« Benedikt (3 Jahre): »Ein Eis.«*

Timo (4 Jahre) zu seinem
dreizehnjährigen Bruder: »Du bist kein
König – du bist nur ein Bruder!«

Emanuel (10 Jahre) ist wütend auf
seinen Bruder Raphael: »Mama, bring ihn bitte
in ein Waisenhaus. Ich zahl´s auch.«

Im Kindergarten soll jedes Kind
seine Familie beschreiben.
Marlon (5 Jahre): »Zu meiner Familie gehören
ich, meine Mama und mein Papa.« (Genau
genommen hat Marlon noch zwei Brüder …)

Ronja (6 Jahre):
»Meine Schwester ist sehr krank.
Sie nimmt jeden Tag eine Pille.
Aber sie tut das heimlich, damit sich
meine Eltern keine Sorgen machen.«

*»Wenn ich sechs Kinder hätte,
würde ich sie Montag bis Samstag nennen.«*
(Anna, 7 Jahre)

In einem Gespräch
über Geburtenfolge der Geschwister.
Emanuel (10 Jahre): »Ich bin der Erstgeborene.«
Raphael (8 Jahre): »Aber ich bin schöner.«

Mama: »Der Anton und der Jonas
sind deine Großcousins.«
Leonie (8 Jahre) entrüstet: »Was?
Wieso? Das sind doch noch Babys!«

»Meine Oma hat noch Dinosaurier gekannt.«
(Katharina, 5 Jahre)

Emil (4 Jahre):
»Omas sind für Wurstbrote
und Schokolade.«

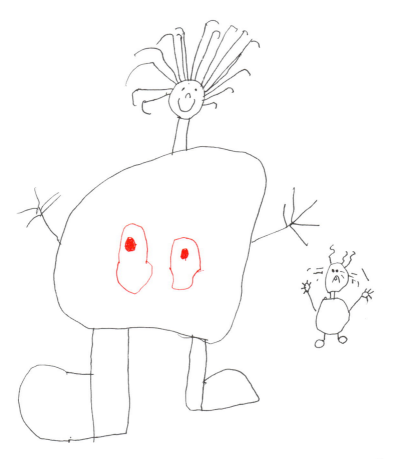

OMAS GEBEN KEINE MILCH MEHR.

Tobias (7 Jahre): »Oma ist der kostbarste Teil der Familie. Die hat schon Altertumswert.«

Vincent (5 Jahre): »Oma ist so dick, weil sie voller Liebe steckt.«

»Ich habe keine Oma mehr, die haben sie schon in den Friedhof gepflanzt.« (Johannes, 6 Jahre)

Emilia (4 Jahre) ist mit ihren Großeltern im Urlaub. Oma nimmt ihr Teilgebiss heraus, um es zu reinigen. Das Mädchen beobachtet den Vorgang interessiert und lässt sich alles genau erklären. Später im Speisesaal ruft sie dann laut: »Oma, mach doch noch mal den Trick mit den Zähnen!«

»Wenn Oma Zahnschmerzen hat, legt sie ihre Zähne einfach ins Glas.« (Annika, 7 Jahre)

»Ich kann jedem empfehlen, eine Großmutter zu haben, vor allem wenn man keinen Fernseher hat.«
(Hugo, 8 Jahre)

Der Opa ist gestorben, und Mama erklärt den Kindern behutsam, dass dieser jetzt im Himmel ist.
Maximilian (3 Jahre) läuft sofort zum Fenster und beschwert sich:
»Ich kann ihn gar nicht sehen!?«

Isabella (7 Jahre): »Mein Opa spielt in der Blaskapelle die Thrombose.«

Timo weiß, dass sein Opa vieles reparieren kann.
In Griechenland sieht er einen halben Mond.
Timo (2 Jahre): »Mond daput! Opa richten!«

»Was total lustig ist, mein Opa war mal der Papa von meiner Mama.« (Tizian, 5 Jahre)

Kindergarten und Schule

 Treiek
 Firek
 Rundek

»Heute haben wir im Kindergarten
Schneeweißchen und Rosenkohl gelesen.«
(Marie, 4 Jahre)

*In der Märchenstunde wird die Geschichte
von Dornröschen vorgetragen: »... und die Tiere
wurden in einen hundertjährigen Schlaf versetzt.«
Jakob (6 Jahre): »Boah, wenn die aufwachen,
dann sind die ja schon tot!«*

Während die Erzieherin *Max und Moritz*
vorliest, fängt Benedikt (3 Jahre)
plötzlich an, auf das Buch zu schlagen.
Die Erzieherin fragt irritiert:
»Warum machst du das?«
Benedikt: »Weil die beiden SO böse sind!«

*Oliver (5 Jahre) mag seine füllige Erzieherin im Kindergarten sehr und sitzt gerne auf ihrem Schoß, um sich
Geschichten vorlesen zu lassen. Als diese erkrankt,
kuschelt sich der Junge an eine sehr schlanke Aushilfe.
Nach der Lektüre fragt er freundlich: »Silvia, kannst
du morgen bitte deinen Busen mitnehmen?«*

Fabienne (6 Jahre) zur Kindergarten-Praktikantin
Miriam (18 Jahre), die gerade Girlanden aufhängt:
»He, auf dem Tisch darf keiner stehen! Auch nicht
die erwachsenen Kinder!«

Am Maltisch unterhalten sich Antonia und
Caroline (beide 4 Jahre) über ihre Augenfarbe.
Caroline: »Ich hab die Augen von meiner Mama.«
Antonia, ganz entsetzt: »Hattest du vorher keine?«

Die Nachbarin der Kindertagesstätte beschwert
sich oft über den Kinderlärm.
Cloe (5 Jahre), ermutigend zur Erzieherin:
»Na ja, weißt du, sie raucht ja auch so viel,
vielleicht stirbt sie bald ...«

Elisabeth (5 Jahre) im Morgenkreis: »Im Radio wurde heute durchgesagt, dass ich Namenstag habe – obwohl die mich gar nicht kennen!«

»Wenn es heiß ist, kommen Tränen
aus meinen Haaren.« (Lukas, 4 Jahre)

*Zwei Mädchen essen vor dem Gruppenraum auf
einer Bank im Freien. Erzieherin: »Mahlzeit!« Antonia
(4 Jahre) schüttelt den Kopf: »Nein, wir wollen nicht malen,
wir machen doch Brotzeit!«*

Leo (4 Jahre): »Wie alt seid ihr?«
Emma: »Ich bin schon fünf,
mit vier gemischt.«
Linus: »Vier, eigentlich halb vier.«

Johanna (5 Jahre) erzählt vom Wochenende:
»Ich weiß nicht, in welchem Schwimmbad wir
waren, aber meine Schwester ist am Beckenrand
hingefallen, seitdem nennen wir es Blutbad!«

*Laura (5 Jahre) sitzt alleine auf einer Bank vor dem
Kindergarten. Eine andere Mutter fragt erstaunt: »Wo
ist denn deine Mama, du bist ja ganz alleine?« Laura:
»Meine Mama musste noch mal in den Kindergarten.
Die hat sich bestimmt aufheitern lassen.«*

Manu (4 Jahre): »Die Vorschulkinder sind wieder
beim Würzburger STRAFprogramm.« (Gemeint war
Würzburger Sprachprogramm.)

Mein Bruder geht jetzt in den Kindergarten. Er macht nicht mehr in die Windel, sondern schon in die Unterhose.

Emilio (3 Jahre) wird von seinem Papa,
der normalerweise einen Anzug trägt,
in den Kindergarten gebracht.
Erzieherin zum Vater: »Hast du heute frei,
du siehst so leger aus?«
Emilio: »Nein, der Papa geht jetzt heim
und zieht die harten Sachen an!«

»Schneewittchen kenn ich schon längst
aus meiner Kleinheit.« (Fabienne, 6 Jahre)

Leo (5 Jahre), auf der Suche nach Malpapier
zur Kinderpflegerin: »Wir haben gar keine
weißen Bilder mehr!«

Mila (6 Jahre) kann ihr Kleid nicht alleine
anziehen und schimpft: »Wenn da auch keine
Gebrauchsanweisung dabei ist!«

Lara (4 Jahre) zeigt einem
Kindergartenfreund eine Gitarre:
»Die ist sehr nützlich. Damit kann man
weben und Musik machen.«

*Die Kinder spielen im Garten Pferd.
Lisa (5 Jahre) stellt fest: »Auf Jungs reitet es sich besser.«*

*In der Projektgruppe Zeit im Kindergarten fragt die
Erzieherin: »Welche Jahreszeit haben wir gerade?«
Carla (3 Jahre): »Januar.«
Erzieherin: »Welcher Tag kommt nach dem Sonntag?«
Benjamin (4 Jahre): »Frühling.«*

»Martinslaternen darf man nicht ans Gesicht
halten, weil die Haare aus Stoff sind.«
Samuel (5 Jahre)

*Fasching im Kindergarten.
Drei Jungs haben sich als Ritter verkleidet.
Erzieherin: »Na, seid ihr die drei Musketiere?«
Niko (5 Jahre), verärgert: »Wir sind doch keine Tiere!«*

Die Vorschulkinder dürfen
im Kindergarten übernachten.
Anton (6 Jahre) läuft mit seinem Handtuch
abends durch den Waschraum: »So – nun
muss ich nur noch eine Putzstelle finden.«

Der Zahnarzt erklärt bei der jährlichen
Prophylaxe im Kindergarten: »Am besten,
man geht zweimal im Jahr zum Zahnarzt,
im Frühjahr und im Herbst.«
Ferdinand (3 Jahre) sagt abwehrend:
»Im Frühjahr haben wir keine Zeit,
da müssen wir Ostereier suchen.«

»Ich kann noch keine Schleife, deshalb bindet
Mama meine Füße zu.« (Maurice, 4 Jahre)

Emanuel (10 Jahre) über seinen neugeborenen
Bruder: »Und wenn das Kind dann Schwierigkeiten in der Schule oder im Kindergarten hat,
dann soll es einfach sagen: Ich habe zwei große
Brüder – und zumindest einer davon ist
sehr klug!«

Mika (6 Jahre) in der dritten Schulwoche:
»Heute geh ich nicht in die Schule!«
Mama: »Warum?«
Mika: »Na, es regnet doch!«

Die Kinder der ersten Klasse haben bereits fünf oder sechs Buchstaben gelernt. Die Lehrerin bildet aus diesen Buchstaben an der Tafel Wörter, die die Kinder lesen sollen. Eines lautet Rom. *Nachdem die Erstklässler das Wort erfolgreich entziffert haben, fragt die Lehrerin: »Weiß denn jemand von euch, was Rom ist?« Lucia (6 Jahre): »Ich weiß es, das tut sich mein Opa immer in den Tee!«*
Lehrerin: »Fast. Du meinst Rum, das schreibt man aber mit einem anderen Buchstaben. Ich helfe euch mal: Rom ist eine große Stadt, die Hauptstadt von Italien. Und dort lebt ein ganz berühmter Mann, der ist das Oberhaupt der katholischen Kirche. Weiß jemand, wer dieser Mann ist?«
Felix (6 Jahre): »Ich weiß es! Das ist der Asterix!«

Lilly (6 Jahre):
»Meine Lehrerin hat keinen Ton mehr.«
(Gemeint war die Stimme.)

Zeugnis

... Sozialverhalten ...
... ... Kooperation ...
Konfliktverhalten, Kommunikation ...
... ...
... ...

... ...
Rechenoperationen ... ...
Anstrengungsbereitschaft ...
... ...
... ...
... ...

... ... sinbetont ...
... detailliert ... ...
klanggestaltet ... ...
... ...
... ... komplexen ...
... ...

... ...
... ...

Zeugnisse sind auf erwachsisch geschrieben.

»Beim Rechnen über zehn nimmt man einfach noch unsichtbare Finger dazu.« (Timo, 6 Jahre)

»Die doppelte Hälfte von zwei ist acht.«
(Jonathan, 7 Jahre)

Elena erzählt bei Tisch aufgeregt vom Mathematikunterricht, wo gerade Bruchrechnen durchgenommen wird.
Jon (8 Jahre) hat aufmerksam und still zugehört und fragt nach einer Weile: »Mama, warum sind die Zahlen bei Elena in Mathematik kaputt?«

In der Mittagsbetreuung wurden die Mülltonnen mit dem Wort Sex beschmiert. Die Kinder übernehmen als Detektive den Fall und überprüfen Schriftproben.
Dennis (8 Jahre) untersucht die Buchstaben nochmals genauer und ist sicher: »Das muss einer aus meiner Klasse gewesen sein. Der schreibt nämlich die Sechs auch immer falsch …«

Zwei Jungs (beide 7 Jahre) spielen
Star Wars mit imaginären Lichterschwertern.
Marc: »Wer bist du?«
Luis: »Luke Skywalker aus dem vierten.«
»Und du?«
»Darth Vader aus dem siebten.«
(Gemeint waren der vierte und siebte
Teil des Filmepos.)

Mama soll Holz ins Haus holen,
hat aber keine Lust.
Der Vater fragt Janis (9 Jahre), der gerade in der
Schule die verschiedenen Zeiten durchnimmt:
»Was ist denn Futur I von diesem Satz?«
Janis: »Die Mami wird kein Holz reinholen.«
Papa: »Ja, stimmt! Und Futur II?«
Janis: »Die Mami holt hundertprozentig
kein Holz rein!«

Die Lehrerin von Tim erwähnt in der
Sprechstunde gegenüber der Mutter,
dass möglicherweise eine Lese-
Rechtschreib-Schwäche vorliegt.
Tim (7 Jahre) am nächsten Tag zu seiner
Lehrerin: »Ich hab kein LRS, ich bin
einfach nur faul!«

Plural in der Deutschhausaufgabe,
erste Klasse: »Das Boot –
Die Böter, Die Burg – Die Bürge.«
(Laurenz, 7 Jahre)

Beruf und Geld

Wenn ich groß bin werd ich Pferd.

Mama: »Was möchtest du werden,
wenn du groß bist?«
Lucia (4 Jahre): »Krokodil!«

»Wenn ich groß bin, werd ich Eisdieler.«
(Milena, 5 Jahre)

»Was ich später mal für einen Beruf ergreife,
weiß ich noch nicht. Immer mehr Männer werden
ja von Maschinen ersetzt, und ich weiß noch
nicht, ob ich da auch dabei bin.«
(Lorenz, 9 Jahre)

Ferdinand (6 Jahre):
»Ich werd Torwart wie Olli Vulkan!«

*»Ich werd von Beruf Nikolaus.
Da kann ich mit dem lieben Gott
sprechen und mir selber was schenken.«*
(Ina, 5 Jahre)

Timo (5 Jahre) möchte Papst werden.
Als er hört, dass er als Protestant kein Papst werden kann, fragt er listig: »Und heimlich?«

»Ich möchte Baustellenmännchen werden.« (Fridolin, 4 Jahre)

Lehrerin in der ersten Klasse: »Welchen Beruf möchtet ihr denn später ausüben?«
Clemens (6 Jahre): »Rentner wie mein Opa.«
Lehrerin: »Warum denn das?«
»Na, der arbeitet nicht und kriegt trotzdem Geld.«

»Wenn man zu arbeiten aufhört, geht es mit dem Altwerden immer weiter bergab. Erst ist man Rentner, dann Senior und zuletzt Greis. Manche werden noch älter. Man nennt sie dann Tattergreise.«
(Niklas, 9 Jahre)

»Unkosten verursachen unsere Polizeihunde nicht, denn sie ernähren sich von Verbrechern.«
(Moritz, 8 Jahre)

Die Polizei hat auch Hubschrauber, falls mal was im Himmel passiert.

*Eine der Erzieherinnen hat Urlaub
und ist deshalb nicht im Kindergarten.
Carlos zu Vera (beide 4 Jahre): »Die Angelika ist
heute nicht da, ich glaube, die ist in der Arbeit.«*

Leander (6 Jahre) zeigt dem neuen Praktikanten
bei einer privaten Führung die Gruppenräume
im Kindergarten: »Das ist unsere Lernwerkstatt,
das ist unser Spielhaus, und hier sind die
Gummibärchen!«

Lukas (5 Jahre) spielt am Klavier
eine kleine Melodie und verkündet dann
stolz: »Schau, ich habe dieses Lied
erfunden. Jetzt bin ich ein
echter Kompromiss!«

In einem Gespräch über die Kleiderordnung
von Männern erkundigt sich Raphael (9 Jahre):
»Wie heißen die Männer mit dem Stab, die immer
so herumfuchteln?« (Gemeint waren Dirigenten.)

»Vögel müssen zwitschern.
Das ist doch ihr Beruf: Zwitschern!«
(Alma, 6 Jahre)

Nilay (8 Jahre): »Es gefällt mir gar nicht, wenn in einem alten Film nur tote Schauspieler mitspielen.«

»Die Fußballspieler der Bundesliga bleiben deshalb oft bewegungslos auf dem grünen Rasen stehen, damit man die Werbesprüche auf ihrem Dress lesen kann.« (Akin, 9 Jahre)

Lehrerin: »Wer war Antonio Vivaldi?«
Elif (7 Jahre): »Briefträger?«

Timo (4 Jahre) sagt in der vollen U-Bahn laut: »Es gibt auch einen Busendoktor – der repariert die Busen, wenn sie abgefallen sind.«

Marla (5 Jahre):
»Die Mama ist beim Oktopäden.«

»Die Schwestern im Krankenhaus müssen sich auch bei Männern gut auskennen.« (Henriette, 7 Jahre)

Korbinian (6 Jahre) zur Lehrerin: »Was möchtest du eigentlich mal werden?«

Papa, in einem Gespräch über Königin Elizabeth II:
»Als ich geboren wurde, saß die Queen schon
zehn Jahre auf dem Thron.«
Timo (7 Jahre), entsetzt: »Wie? Und seitdem
ist sie nicht mehr aufgestanden!?«

»Mein Papa ist ein Spekulatius. Der verdient ganz viel Geld an der Börse.« (Lilly, 5 Jahre)

Lara (6 Jahre) und Lukas (3 Jahre) spielen Ritter.
Lara, feierlich, während sie ihren Bruder mit dem
Schwert auf den Schultern berührt: »Lukas,
hiermit erschlage ich dich zum Ritter.«

»Der beste Musiker aller Zeiten war Elvis.
Hitler war aber auch ein sehr guter Musiker.«
(Carola, 9 Jahre)

Jan (8 Jahre): »Mama schimpft immer,
dass der Haushalt eine Syphilisarbeit ist.«

»Immer soll ich mein Zimmer
aufräumen, dabei bin ich als Kind
geboren, nicht als Sklave.«
(Paul, 8 Jahre)

Lukas (5 Jahre) spielt Bank.
Nachdem er einen Cent verliehen hat,
verkündet er: »Mama, jetzt bekomme ich
aber auch noch Linsen!«

»Vor dem Euro gab es die Mark und vor der Mark den Neandertaler.« (Hendrik, 8 Jahre)

»Eine Null ist nichts und hat keinen Wert. Nur auf den Geldscheinen hat man was von ihr, wenn sie nach einer Zahl auftritt.« (Tom, 10 Jahre)

Leonie (7 Jahre) zu ihrem Bruder:
»Wie viel verdient eigentlich der Papa?«
Jonathan (6 Jahre): »Keine Ahnung,
aber bestimmt HUNDERT Euro im Monat!«
Leonie: »Der Lukas hat erzählt,
manche verdienen 6.000 Euro im Monat!«
Ehrfürchtiges Schweigen.
Kurz darauf hat Jonathan einen Geistesblitz:
»Ich weiß, wer! Der IKEA!«

Raphael (12 Jahre) auf die Frage seiner Mutter, warum er nicht mehr im Haushalt mithilft: »Wozu bekommst du eigentlich Kindergeld?«

»Von den Löhnen wird immer
viel Geld abgezogen, damit sich
der Staat die Finanzämter leisten kann.«
(Svenja, 10 Jahre)

»Mein Papa macht sein Geschäft daheim.« (Sophie, 9 Jahre)

Gott und Religion

Gestern waren wir in der Kirche aber Gott war nicht da.

»Unter der Woche wohnt Gott im Himmel. Nur Sonntag kommt er in die Kirche.« (Nina, 5 Jahre)

Timo (5 Jahre) im Flugzeug:
»Wohnt der liebe Gott im Himmel?«
Mutter: »Ja.«
Timo: »Dann zeig mir den mal!«

Felix (6 Jahre): »Wenn der liebe Gott das Wetter macht, bringt er oft etwas durcheinander. Ich kenne das von meinem Opa, und Gott ist ja auch noch viel älter. Deshalb stimmt auch der Wetterbericht oft nicht.«

Leonie (8 Jahre):
»Mama, was sind eigentlich Zombies?«
Mama: »Das sind Tote, die wieder lebendig werden – aber eigentlich gestorben sind. Die gibt es aber nur im Film und nicht in echt.«
Leonie, nach kurzem Überlegen: »Außer Jesus, eben.«

»Der Teufel ist ziemlich wasserscheu. Deshalb spritzt der Priester auch in der Kirche herum.« (Florian, 6 Jahre)

»Vor jeder Kirche steht ein Topf mit Weinwasser, von dem man nehmen soll.« (Marlon, 6 Jahre)

Jonathan (4 Jahre) geht mit seiner Oma in die Kirche. Als sie an einem Beichtstuhl mit Samtvorhang vorbeikommen, fragt er laut: »Gell, Oma, da ist der Kasperl drin?«

Als die Ministranten in der Kirche mit dem Weihrauchfass vorbeigehen, meint Lukas (5 Jahre): »Schau, Mama, da kommt wieder Glühwein!«

Als der Pfarrer die Kommunion verteilt, fragt Amelia (3 Jahre) die Mama leise: »Das ist ein scharfes Bonbon – drum krieg ich das nicht, oder?«

Die Mutter erklärt während der Messe flüsternd, dass jetzt der Klingelbeutel kommt. Timo (5 Jahre), irritiert: »Was? Der Kobold kommt?«

Tobias (4 Jahre) nimmt seinen Stoff-Elefanten mit in die Kirche. Als es ganz still wird, sagt er: »Jetzt schlafen alle, nur der Elefant ist noch wach.«

Raphael (12 Jahre) fragt irritiert, nachdem er hört, dass am nächsten Tag Maria Empfängnis ist:
»Was – Maria im Gefängnis?«

»Der Jesus war so schön. Den wollten sie nicht eingraben, den haben sie ans Kreuz genagelt.« (Alex, 5 Jahre)

Am Karfreitag wird das Thema Verzicht erläutert. Christofer (6 Jahre): »Ich verzichte heute auf Klavierspielen!«

Nachdem der Name des neuen Papstes Franziskus erklärt wurde, sagt Jonathan (6 Jahre): »Ich geh jetzt auch mal nach Assisi und red mit den Tieren.«

»Die Bibel der Moslems heißt Kodak.« (Lotta, 7 Jahre)

Das siebte Gebot lautet:.
Du sollst nicht erbrechen.

Am Aschermittwoch besucht die Familie die Kirche
und lässt sich das Aschekreuz aufzeichnen.
Als Raphael (6 Jahre) vom Altar kommt, fragt er laut:
»Und, ist es gut geworden?«

Emanuel (6 Jahre): »Ich esse keine Erbsen, obwohl ich nicht allergisch bin – also bin ich katholisch!«

Patricia (6 Jahre): »Ich sitze neben Anna, nur nicht in Religion. Ich bin im katholischen Religionsunterricht und die Anna im Evangelium.«

»Wenn ich Sünden getan habe, ist der liebe Gott böse mit mir und schimpft. Das kann ich aber nicht verstehen, weil er so leise spricht und lateinisch.«
(Kilian, 7 Jahre)

Das Beichtgespräch im Rahmen der Erstkommunion steht an. Die Kinder sollen über sich und ihr Handeln nachdenken. Marta (9 Jahre) versucht sich vorzubereiten und meint verzweifelt: »Ich komm einfach nicht weiter. Der Lukas – der hat´s echt gut, der hat SO viele Sünden!«

»Ich bin zwar nicht getauft, dafür aber geimpft.« (Julian, 5 Jahre)

Raphael (6 Jahre) über die Schöpfung:
»Ich weiß, der erste Mensch war der liebe Gott selbst, und als Zweites kamen die Dinos und als Drittes die Steinzeitmenschen, als Viertes die Ritter und dann die Menschen selbst.«

Vor einem Familienspaziergang wird das Auto auf dem Friedhofsparkplatz abgestellt. Die Kinder dürfen bei der Rückkehr auf der Mauer mit Blick auf die Gräber laufen.
Paula (5 Jahre): »Ui, die Leute haben aber einen komischen Garten!«

»Bei der Kirche gibt es auch Blumenbeete, da, wo die alten Leute reinkommen.« (Patrick, 3 Jahre)

Simona (5 Jahre) beim Abendgebet: »Alle Leute groß und klein mögen dir ein Fohlen sein. Amen.«

Aus Sorge, dass die Kinder sich verletzen
könnten, bittet Oma sie, nicht zu hoch auf
das Klettergerüst zu steigen.
Leonie (5 Jahre) schlägt vor: »Oma, du kannst
ja beten, dass wir nicht runterfallen!«

Die Familie von Marie (5 Jahre) spricht normalerweise
vor dem Essen gemeinsam ein Tischgebet.
Im Restaurant sagt das Mädchen leise zu
seinen Eltern: »Hier beten wir aber nicht,
hier zahlen wir doch!«

Lara (9 Jahre) beim Vaterunser: »… und vergib uns unsere Schulden …«

»Der Nikolaus hat auch eine Schreibmaschine.
Der schreibt mir damit immer so blöde Briefe.«
(Hugo, 6 Jahre)

Benedikt (3 Jahre), etwas verärgert, nachdem er seinen Schokoladennikolaus ausgewickelt hat: »Warum hat der denn keine Hose und Unterhose an!«

Timo (3 Jahre) sagt ein Nikolausgedicht auf: »... Lieber Nikolaus, komm zu uns und pack deine Gabel aus ...«

Am Heiligen Abend wartet Alessia (5 Jahre) mit ihrer Oma sehnsüchtig am Fenster auf das Eintreffen des Christkindes und die Bescherung. Es ist eine stürmische Nacht mit Gewitter.
Als es plötzlich blitzt, ruft Alessia erfreut:
»Schau, Oma, jetzt hat das Christkind fotografiert!«

Die Mutter erklärt, dass eigentlich nicht das Christkind die Geschenke bringt, sondern die Eltern und Verwandten. Jonathan (7 Jahre): »Echt? Also dann gibt euch das Christkind nur das Geld dafür?«

Timo (4 Jahre): »Der echte Nikolaus, der Mensch war, wohnt der im Himmel?« Mutter: »Ja.«
Timo: »Und wie ist der bitte da hochgekommen?«

»Die Eltern vom Jesus waren sehr arm und sie mussten in einem zugigen Stall in Bethlehem leben. Da bekam das kleine Christkind auch gleich eine Grippe.« (Florentine, 6 Jahre)

An Weinachten hat mein Bruder immer eine Biene an.

In der Adventszeit dürfen die Kinder beim Aufstellen
der Krippe mithelfen. Die hölzernen Figuren
sind sorgfältig in Papier eingewickelt.
Freudig hält Helen (7 Jahre) nach dem Auspacken
die erste Figur in die Höhe: »Juhu, ich habe
den Kündigungsengel!«

Alicia (6 Jahre): »Mama, Mama, jetzt weiß ich's! Der Nikolaus ist der Bruder vom Weihnachtsmann, und der Osterhase ist ihr Haustier.«

Niklas (9 Jahre) nach der Schule: »Mama, ich
muss meinen Freunden sagen, dass ich nicht an den
Weihnachtsmann glaube, obwohl ich es aber tue,
weil sie mich sonst für einen Nerd halten!«

»An Weihnachten müssen wir immer so lange auf
die Geschenke warten.« (Benno, 6 Jahre)

*Frage: »Was haben die Heiligen Drei Könige zu Jesus
Geburt mitgebracht?« – Antwort:*
»Gold, Weihrauch und Möhre.« (Zeno, 5 Jahre)
»Gold, Weißkraut und Myrrhe.« (Fabian, 4 Jahre)
»Gold, Raureif und Pralinen.« (Luis, 5 Jahre)

Tiere und Pflanzen

Die Fische legen Leichen ab um sich zu vermeren.

Benedikt (3 Jahre) zerdrückt im Supermarkt ein Ei.
Mama, verärgert: »Warum machst du das denn?«
Benedikt: »Ich wollte nur schauen,
ob ein Küken drin ist …«

»Wenn man kranke Kühe isst,
kriegt man ISDN.« (Ida, 6 Jahre)

Kasper (5 Jahre) wohnt neben einem Bauernhof und fragt, warum die Puten mit dem Viehtransport abgeholt werden. Die Mama versucht, sehr behutsam zu erklären, was mit den Tieren geschieht.
Kasper, kein bisschen irritiert, erkundigt sich weiter:
»Aha, und wie werden die Puten geschält?«

»Die Kühe brauchen nicht viel Futter, weil sie alles zweimal fressen.« (Eva-Lotta, 8 Jahre)

»Kamele haben einen Hocker.«
(Jonas, 4 Jahre)

Nils (6 Jahre): »Der Tierpark ist toll. Da kann man Tiere sehen, die gibt's gar nicht.«

Drei Geschwister sind zum ersten Mal mit ihren Eltern zu Besuch bei ihren Verwandten auf dem Land. Die Kinder des Bauern zeigen denen aus der Stadt die Tiere auf dem Hof, während sich die Erwachsenen in der Stube unterhalten. Plötzlich stürmt Simon (6 Jahre) in das Zimmer: »Papa, komm! Die haben ein so großes Schwein, wie du bist!«

Leo (5 Jahre): »Das sind keine Goldfische. Das sind Harfen!«

»Alle Fische legen Eier. Die russischen sogar Kaviar.« (Maja, 7 Jahre)

Jonathan (6 Jahre), genervt beim Ansehen eines Tierbuches: »O Mann, die Vögel verbrauchen so viele Seiten!«

MANCHE SCHNECKEN HABEN KEIN
HAUS AUF DEM RÜCKEN.
SIE FAHREN OFFEN.

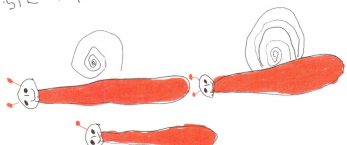

Liam (6 Jahre) mit zusammengekniffenen Augen:
»Giraffen sehen zwar harmlos aus – sind es aber auch!«

»Regenwürmer können nicht beißen,
weil sie vorne und hinten nur Schwanz
haben.« (Alicia, 7 Jahre)

Timo (5 Jahre) ist mit Oma und Opa im Zirkus
und erkundigt sich: »Was sind das für Tiere?«
Oma: »Das sind Lamas.«
Timo, irritiert: »Aber Lahme können
doch nicht springen?«

»Die Drohne ist dick und faul,
denn sie ist männlich.«
(Lotte, 10 Jahre)

Victoria (10 Jahre): »Butter wird
immer aus Kühen gemacht. Andernfalls
heißt es Margarine.«

Carmen (11 Jahre): »Die Ziege ist das einzige weibliche Säugetier, das einen Bart trägt.«

Greta (10 Jahre): »Als unser Hund nachts zu bellen anfing, ging meine Mutter hinaus und stillte ihn. Die Nachbarn hätten sich sonst aufgeregt.«

Marla (4 Jahre): »Die Kühe strampeln mit den Schwänzen!«

»Das Murmeltier lebt in der Murmelbahn.« (Laetitia, 5 Jahre)

»Wenn ein Huhn lange genug brütet, werden die Eier schlüpfrig.« (Marina, 6 Jahre)

»Kühe dürfen nicht schnell laufen, damit sie ihre Milch nicht verschütten.« (Luca, 6 Jahre)

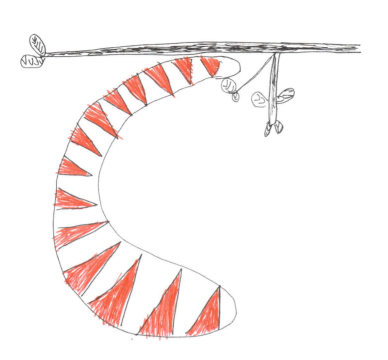

Wenn die Raupe groß genug ist, schlüpft sie in ein Croissant.

»Zum Federvieh gehören alle Lebewesen mit Federn: Hühner, Gänse, Enten, Vögel und Indianer.«
(Johanna, 6 Jahre)

Mama: »Was ist eine Schur?«
Richard (5 Jahre): »Da wird das Fell vom Schaf abgemäht.«

Hannes (9 Jahre): »Im Winter legen Hühner keine Eier, weil ihr Eierloch zufriert.«

»Hirsche haben Bäume auf dem Kopf, dadurch kann man sie von Rehen unterscheiden.« (Fabian, 5 Jahre)

Papa: »Wie heißt noch mal der Vogel, der die Kinder bringt?«
Simona (8 Jahre): »Der Kuckuck?«

Mama schimpft die Katze: »Böse Mieze!
Hör endlich auf, immer an der Couch zu kratzen!«
Carl (7 Jahre), empört: »Das muss man der
Katze ja nicht so persönlich sagen.«

**»Die Bienenkönigin gibt den Honig
durch Erwürgen an andere weiter.«
(Tabea, 5 Jahre)**

Oskar (5 Jahre): »Viele Hunde gehen gern ins Wasser.
Manche leben sogar immer dort, das sind Seehunde.«

Benedikt (4 Jahre):
»Im Garten wachsen Krokosnüsse.«
(Gemeint waren Krokusse.)

»Die Tulpen, die Tomaten und der Kopfsalat
kommen fast alle aus holländischen Zuchthäusern und
haben nie das Licht der Sonne erblickt.«
(Celina, 11 Jahre)

Der Orkan Kyrill tobt in Bayern.
Timo (3 Jahre) schaut den Bäumen zu und stellt fest:
»Die Bäume tanzen …«

Lukas (3 Jahre) deutet auf die Wiese:
»Mami, schau mal, ein Zahnlöwe …!«
(Gemeint war Löwenzahn.)

Lena (3 Jahre) fragt in der Nähe einer Pfefferminzpflanze erstaunt: »Wächst hier Kaugummi?«

Am Straßenrand kurz vor Garmisch kommt ein kleiner Wald.
»Was, hier haben sie auch schon Bäume aufgestellt?« (Lorenz, 5 Jahre)

Essen und Trinken

Die Chinesen essen mit Fischstäbchen.

»Mein Lieblingsessen ist Spaghetti Polonaise.«
(Raphael, 9 Jahre)

»Die Schweden haben echt Humor, die nennen ihr Bier Öl und den Apfelkuchen Äppelkaka.«
(Leonie, 8 Jahre)

Maximilian (3 Jahre): »Ich möchte auch mal einen Leberkuchen als Brotzeit.« (Gemeint war Lebkuchen.)

Kasper (5 Jahre) am Morgen:
»Mami, entweder du machst mir jetzt Frühstück, oder ich sing Weihnachtslieder!«

Alina (6 Jahre) beschwert sich nach dem ersten Tag in der Mittagsbetreuung: »Es gab ganz komisches Fleisch, gebackenen Hammelbert oder so ähnlich ...« (Auf dem Speiseplan stand: Gebackener Camembert.)

*Jenny (3 Jahre), begeistert zur neuen Köchin im
Kindergarten: »Das Essen hat heute ein gutes Parfüm!«*

Lukas (4 Jahre) bietet seinem Opa
selbst gepflückte Johannisbeeren an.
Opa: »Thank you very much!«
Lukas, zustimmend: »Jaja, die matschigen
sind am leckersten.«

Paula (4 Jahre): »Mein Lieblingseis ist
schwarzer Teller.« (Gemeint war Stracciatella.)

Lena (3 Jahre): »Wo kommt beim Kälbchen
das Fleisch raus?«

Jakob (4 Jahre): »Mama, rate mal, was es noch
zu essen gab! Es fängt mit Brez... an.«

»Das Schnitzel ist gut poliert.«
(Linus, 6 Jahre)

Paul (7 Jahre) nach Überprüfung des Mindesthaltbarkeitsdatums: »Die Wurst geht nächste Woche ein.«

Anna (4 Jahre): »Das Essen hab ich schon verdarmt!« (Gemeint war verdaut.)

Elena (6 Jahre) brüllt vor dem Keksregal durch den Supermarkt: »Juhu, hier gibt es Softkacke!« (Gemeint waren Soft Cakes.)

Emil hat sich heimlich Schokolade genommen. Mama, vorwurfsvoll: »Emil, darfst du Schokolade?« Emil (4 Jahre): »Also, allergisch bin ich nicht!«

Lukas (3 Jahre): »Am liebsten ess ich Mamarinen.« (Gemeint waren Mandarinen.)

Jonathan (6 Jahre), beim Verzehr einer Litschi: »Stimmt's, damit haben früher die Soldaten geschossen?«

DIE BANANE KONNTE ICH NICHT ESSEN. DIE HAT MAMA ZU FEST ZUGEMACHT

»Wenn ich meine Oma besuche, bekomme ich immer
viele Küsschen und Spaghetti mit Tomatensauce.«
(Milan, 8 Jahre)

»Die Banane ist
schon ganz verwelkt.«
(Luk, 4 Jahre)

Coco (5 Jahre): »Die Fischstäbchen sind schon längst
tot, sie können nicht mehr schwimmen.«

»Am liebsten esse ich Milchreis mit Apfelkompost.«
(Valentin, 5 Jahre)

Kilian (5 Jahre): »Für Kartoffelsalat muss man
die Kartoffel erst nackt machen.«

»Zum Kuchenbacken nimmt man keine Butter,
sondern Mandarinen.« (Katharina, 6 Jahre)

»Beim Schnitzel muss man zuerst
das Fleisch totklopfen.« (Theo, 5 Jahre)

*Leonie (5 Jahre): »Wo sollen wir die Kerne aus dem
Chili con Carne hintun?« (Gemeint waren die Bohnen.)*

Lara (5 Jahre) war bei ihrer Freundin und
schwärmt: »Es gab Döner mit Schokolade …«
(Gemeint war ein Donut.)

*Carla (8 Jahre) sieht einem anderen Kind
beim Essen einer Nektarine zu: »Cool, ist das
ein Apfel zum Schlürfen?«*

*»Bisamratten sind eine französische Dekilatesse.«
(Maximilian, 10 Jahre)*

*Mama: »Was gab es heute im Kindergarten
zum Mittagessen?«
Paula (4 Jahre): »Hühnerfutter mit Kichererbsen.«
(Gemeint war Hühnerfrikassee.)*

Anna (5 Jahre) sitzt beim Essen vor dem vollen Teller und freut sich: »Da ist ja ein Massenlager drauf!«

Benedikt (4 Jahre): »In der Paprika sind ganz viele Mandarinen!« (Gemeint waren Vitamine.)

Raphael (5 Jahre) auf die Frage, was es in der Kita zu essen gab: »Maulkappen mit Salat und Soße.«

»Die Fassade vom Schnitzel ist das Beste!« (Mimi, 8 Jahre)

Es gibt Schokoladenpudding mit leckerer Haut. Timo (5 Jahre), skeptisch: »Ist das echte Menschenhaut?«

Fanny (3 Jahre) hat Hunger: »Mama, da kommt ein Brrrr aus meinem Bauch. Das mag ich nicht. Schimpf des!«

Im Hals hat man zwei Röhren eine fürs Essen und eine fürs Trinken.

Zita (4 Jahre) im Eisladen: »Ich möchte bitte Weltmeister-Eis.« (Gemeint war Waldmeister.)

»Ich ess am liebsten Spaghetti mit Kinderfleisch.« (Florian, 4 Jahre)

Philipp (4 Jahre):
»Zum Trinken möchte ich einen Stromhalm.«

»Wenn ich Limo trinke, habe ich danach immer Mund-Pupse.« (Till, 5 Jahre)

Mama: »Ist dir der Kakao zu heiß?«
Lukas (4 Jahre) probiert das Getränk und sagt zufrieden: »Die Tastatur ist super.« (Gemeint war Temperatur.)

Ben (3 Jahre), beim Biergartenbesuch vorwurfsvoll zu einer Bekannten, die sich eine Maß bestellt hat: »Frauen dürfen nicht bieren …«

»Mineralwasser ohne Kohlensäure mag ich nicht, das ist mir zu flüssig.« (Paulina, 6 Jahre)

Kai (5 Jahre): »Alkohol ist gefährlich für die Augen. Erst sieht man alles doppelt und dann ist man blind.«

Im Biergarten kleckert die Mutter auf ihre Bluse. Darauf Anna (8 Jahre) entschuldigend zu einer Freundin: »Ja, also meine Mama macht sich wirklich immer ins Hemd …«

Mama, verwundert: »Warum isst du denn deine Kartoffeln mit der Hand?« Jonathan (6 Jahre): »Es ist besser für die Umwelt, wenn man ohne Messer und Gabel isst.«

Körper und Gesundheit

Wenn man sich den Puls fühlt und nichts spürt, ist man tot.

David (10 Jahre): »Extremitäten sind das, was am Menschen dranhängt.«

»Es gibt X-Beine und O-Beine. Ich bin total froh, dass ich I-Beine habe.« (Jonathan, 6 Jahre)

»Wenn man pupst, gähnt der Popo.«
(Ruben, 5 Jahre)

Tobias (5 Jahre) im Bad: »Papa, du hast meinen hinteren Bauch noch nicht gewaschen.«

Benedikt (5 Jahre):
»Ich habe einen Po aus Backen.«

»Die Wirbelsäule ist ein aus vielen Knochen zusammengesetzter Knochenschlauch, der den ganzen Rücken herunterläuft. Auf dem oberen Ende sitzt der Kopf, auf dem unteren wir selber.« (Malte, 11 Jahre)

»Jungs haben Muskelkater, und Mädchen haben Muskelkatze.« (Jenni, 8 Jahre)

Im Kindergarten hat Niklas (4 Jahre) einen blauen Fleck an seinem Bein entdeckt. Entsetzt sagt er zur Erzieherin: »Hilfe, ich schimmle!«

»Mama, schau mal, bei mir kommt schon die zweite Reihe Zähne.« (Tobias, 5 Jahre)

Timo (4 Jahre) akzeptiert nicht, dass seine älteren Brüder Emanuel (15 Jahre) und Raphael (13 Jahre) auch Kinder sind: »Nein, Kinder haben kurze Beine wie ich!«

Katharina (4 Jahre) ruft aus dem Badezimmer: »Mama, der Popo ist leer!«

Karsten (11 Jahre): »Der Mensch hat an seinem Körper mehrere Öffnungen, aber nur mit einer kann er reden.«

Für die Hausaufgabe sollen die Kinder zwanzig Zähne in einen Mund zeichnen. Justus (7 Jahre), der überhaupt nicht gerne malt, zeichnet bloß vierzehn Zähne.
Mama: »Justus, komm, das sind nur vierzehn.«
Justus: »Na und? Sechs Zähne hat er ausgeschlagen bekommen!«

»Je älter ein Mensch wird, desto teurer werden seine Zähne.« (Lennart, 9 Jahre)

Maximilian (5 Jahre): »Hm. Hier riechts gut.«
Mama: »Also, ich riech nichts?«
Maximilian: »Hast du eine blinde Nase, oder was?«

»Der Splitter ist in der Atmosphäre meiner Haut.« (Luke, 6 Jahre)

Heute bin ich faulig.

Leo (2 Jahre) beobachtet seine Mutter im Bad.
Als er ihren Busen sieht, sagt er: »Was is das da?
Sieht chic aus, Mama!«

»Mädchen können ihr Pipi nicht im
Stehen machen, weil sie nichts zum
Festhalten haben.« (Mika, 6 Jahre)

*»Auch zwischen den Beinen sollte man sich waschen,
sonst wird das Schamgefühl verletzt.« (Cora, 10 Jahre)*

Finn (2 Jahre) im Bad: »Mama,
wann wächst bei dir der Pullermann?«

Julian (5 Jahre) erkundigt sich am Strand,
warum Jungs und Männer kein Bikini-Oberteil tragen.
Mutter: »Frauen haben halt mehr Busen.«
Julian, nach einer kurzen Denkpause: »Wieso,
du hast doch auch nur zwei …«

Emil (3 Jahre) geht im tiefsten Winter dick eingepackt mit seiner Mama spazieren. Er ist ein selbstständiges Kind und kann schon alleine aufs Klo gehen. Unterwegs verkündet er: »Mama, ich muss mal.« »Dann geh dort hinter den Busch.« Als der Kleine nach einer Weile nicht zurückkommt, schaut die Mutter nach. »Ich kann nicht piseln, mein Pipimann ist nicht mehr da!«, ruft Emil ihr verzweifelt zu. In den vielen Schichten von Unterwäsche kann er das wichtige Teil nicht mehr finden.

»Ich finde Striptease irgendwie feiner zu sagen als nackig!« (Nelly, 5 Jahre)

Benedikt (4 Jahre) im Urlaub am Strand: »Oma, ich war mit dem Popo in der Sonne. Schau mal nach, ob da schon der Krebs drin ist!«

»Meine Oma kommt heute ins Krankenhaus und wird operiert. Sie hat Grippe.« (Arthur, 5 Jahre)

Mama, pflegst du mich auch, wenn ich absichtlich krank bin?

»Meine Schwester hat für ihre Ohren ein Antiblutikum.« (Ferdinand, 6 Jahre)

Jonas (2 Jahre) möchte mit seiner Freundin
Jonna bei ihr zu Hause spielen.
Mama: »Das geht jetzt nicht, Schatz.
Jonnas Papa ist erkältet.«
Jonas: »Warum denn?«
Mama: »Er hat sich bestimmt irgendwo angesteckt.«
Jonas: »An der Steckdose?«

Hanna (6 Jahre) zu ihrer Mutter, als diese sich über Kopfschmerzen beklagt: »Mama, schau doch mal unter www.neuerkopf.de.«

»Ich hatte gestern eine Lungenentzündung im Bauch.« (Leonhard, 5 Jahre)

Lara (4 Jahre), nachdem sie sich verletzt hat:
»Die Schmerzen gehen bestimmt wieder weg,
wenn ich Fernsehen schaue …«

»Beim Schwitzen wird die Haut undicht, und das Wasser sickert raus.« (Eva, 9 Jahre)

»Bakterien sind kleine Viecher, die in der Nase oder auf der Zunge wohnen.« (Alicia, 8 Jahre)

Louis (7 Jahre) erzählt: »Als ich einmal sehr krank war, hat mir mein Vater aus einem schönen Buch vorgelesen. Dann konnte ich prima kotzen.«

Jonas (4 Jahre) fällt hin und stößt sich den Kopf am Schreibtischstuhl.
Mama: »Hast du dir wehgetan?«
Jonas: »Ich glaub, ich hab mir die Ohren gebrochen.«

»Ich will kein Zäpfchen gegen den Husten, ich huste doch aus dem Mund, Mami.« (Miro, 5 Jahre)

Lukas (4 Jahre) ist fast wieder gesund:
»Habe ich jetzt immer noch eine
Gänsehautentzündung?« (Gemeint war
Bindehautentzündung.)

»Mama, ich habe eine Bluterschütterung!« (Lara, 7 Jahre)

*Mia (8 Jahre): »Wenn ein Arzt operieren will,
muss er erst sterilisiert werden.«*

»Ich habe total viele Mückenstiche,
obwohl ich mich extra mit Aspirin eingeschmiert
habe …« (Jonathan, 7 Jahre)

Sebastian (6 Jahre) erzählt im Kindergarten:
»Ich bin von einer Mauer gefallen und
hatte eine Gehirnverschüttung.«

Lucy (5 Jahre): »Mama, wenn ich nicht wüsste, dass du ein Fieberbläschen hast, würde ich denken, du hast einen Drachenzahn!«

»Ich brauche keinen Hustensaft,
ich kann auch ohne husten.«
(Mathilda, 5 Jahre)

Die Erzieherin kommt nach einer Kreuzband-OP den ersten Tag wieder ohne die Knieschienen in den Kindergarten. Matteo (6 Jahre), erfreut: »Die Rebecca hat gar kein Schienbein mehr!«

Timo (6 Jahre) soll aufräumen und wehrt sich: »Ich leide an Alltagsschwäche.«

»Man soll bei offenem Fenster schlafen, weil Atmen so gesund ist.«
(Holly, 8 Jahre)

Erde und Mensch

In New york steht die Freizeitschtatue.

Mark (6 Jahre): »Die Kölner wohnen in Köln und
die Hamburger bei McDonald's.«

Papa: »Wie heißt denn die Hauptstadt
von Deutschland?«
Jakob (5 Jahre): »Bayern?«
Papa: »Nein, versuchs doch noch mal.«
Jakob: »Sechzig?«

»Das Bekannteste an Frankfurt sind
die Würstchen, das Berühmteste ist Goethe.«
(Christian, 12 Jahre)

»In der Schweiz haben alle Schweizfüße,
deshalb stinkt es dort.« (Lukas, 4 Jahre)

*Deutschland unterliegt bei der EM 2012
im Halbfinale Italien mit 2 : 1.
Felix (5 Jahre) schluchzt danach tränenüberströmt:
»Ich hätte nie gedacht, dass die Italischen
so unhöflich sind.«*

»In Italien steht der schiefe Turm von Pizza.«
(Katharina, 6 Jahre)

*Jakob (5 Jahre) fährt mit der Familie in den Urlaub.
Endlich legt die Fähre am Zielort an. Freudig ruft
Jakob: »Juhu, wir fahren nach Sizilien!«
Die Mutter erklärt: »Weißt du, eigentlich
sind wir schon in Sizilien.«
Jakob denkt kurz nach und reißt dann wieder die
Arme hoch: »Juhu, wir fahren nach Italien!«*

*»Beneluxus ist ein Land zwischen der Bundesrepublik
Deutschland und Frankreich, in dem lauter
ziemlich reiche Leute wohnen und im Luxus leben.«
(Marius, 12 Jahre)*

Anna (7 Jahre) erzählt einem
Bekannten: »Meine Eltern fahren nach
Hamsterdam.«

»In Frankreich hat man die Verbrecher früher
mit der Gelatine hingerichtet.« (Simon, 9 Jahre)

Sophie (8 Jahre) verbessert ihren Papa in einem Gespräch über das Gefängnis Alcatraz: »Mensch, Papa, das heißt doch: Alter, krass!«

Niklas (5 Jahre) beim Afrikaprojekt im Kindergarten: »Die Hauptstadt von Kenia ist Eurobi.«

»Die Inder werden in einem Kasten geboren, den die Götter für sie ausgesucht haben.« (Eva-Maria, 12 Jahre)

»Die Chinesen sprechen mandarinisch.« (Jonathan, 6 Jahre)

Im Radio wird laufend über die Atomkatastrophe in Fukushima berichtet. Benedikt (5 Jahre) seufzt theatralisch: »Immer diese Kernschmelze!«

»Meine Eltern kaufen nur das graue Klopapier, weil das schon mal benutzt wurde und gut für die Umwelt ist.« (Nina, 8 Jahre)

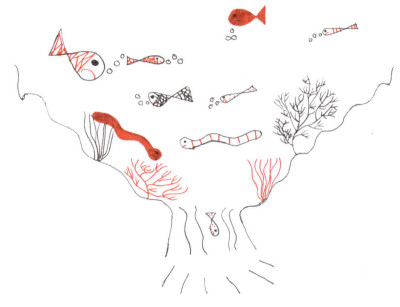

Bleibt das Wasser auch über Nacht im Meer oder lassen sie es abends ab?

Linda (12 Jahre) in einem Gespräch über
internationale Konferenzen: »… dabei schickt
jedes Land seinen Vertreter ein, damit der
den anderen seine Meinung andreht.«

Mehmet (10 Jahre): »Die Macht des Wassers
ist so gewaltig, dass selbst der stärkste Mann
es nicht halten kann.«

»Die Nordhalbkugel dreht
sich entgegengesetzt zur Südhalbkugel.«
(Jonas, 11 Jahre)

*Maximilian (4 Jahre) versucht, die Größe
der Erde zu verstehen und zu erfassen.
»Mama, wie groß ist denn die Welt?
Ist die ganze große Welt vielleicht hundert?«
Mutter: »Na ja, so ungefähr.«
Maximilian tief beeindruckt: »Oh – wie groß die Welt ist!«*

Alexander (12 Jahre) erklärt: »Die Erde dreht sich
365 Tage lang jedes Jahr. Alle vier Jahre braucht sie
dazu einen Tag länger, und das ausgerechnet immer
im Februar. Warum, weiß ich nicht. Vielleicht weil es
im Februar immer so kalt ist, und es deswegen
ein bisschen schwerer geht.«

»Die Schwerkraft betrifft alle. Besonders stark ist sie im Herbst, wenn die Blätter von den Bäumen fallen.« (Pepe, 11 Jahre)

Sabine (6 Jahre) fragt beim abendlichen Strandspaziergang: »Fällt der Mond nicht ins Wasser?«

»Auf dem Mond können gar keine Menschen leben, bei Halbmond hätten die ja gar nicht genug Platz.« (Ben, 8 Jahre)

»Je früher die Menschen waren, desto affiger sahen sie aus.« (Antonia, 8 Jahre)

Emanuel (5 Jahre) raucht symbolisch mit seiner Mutter eine Friedenspfeife beim Indianerspiel. Mama: »Also blasen wir in alle Himmelsrichtungen – nach Norden, Süden, Osten und Westen.« Emanuel: »Und nach Bayern.«

»Die Menschen wurden früher nicht so alt, obwohl sie weniger Verkehr hatten.« (Felix, 11 Jahre)

Die Römer glaubten die Welt ist ein Dreieg.

Jonna (5 Jahre) macht Ferien auf
dem Bauernhof. Bei einer Nachtwanderung
betrachtet sie den klaren Sternenhimmel.
Fachkundig erklärt sie Mama: »Siehst du – und
da oben ist der große Kinderwagen.«

Raphael (4 Jahre) verkündet nach der
Gutenachtgeschichte: »Die Sonne pustet sich
aus, und die Sterne zünden sich an. Dann ist
die Sonne müde und geht schlafen.«

»Eine Halbinsel ist eine Insel, die noch
nicht ganz fertig ist.« (Joel, 11 Jahre)

Henry (8 Jahre): »Nachdem die Menschen aufgehört
haben, Affen zu sein, wurden sie Ägypter.«

*Emil (10 Jahre): »Das Problem mit den alten Leuten
wird nicht weniger, obwohl so viele sterben.
Aber es wachsen immer neue nach.«*

Emanuel (6 Jahre) in einem Gespräch über Erdkunde:
»… und nach Ägypten ist die Welt zu Ende.«

Fragen und Erkenntnisse

Raphael (10 Jahre):
»Wie lange dauert die Gegenwart?«

»Wenn wir den lieben Gott nicht sehen, sieht der sich dann selber?« (Frieda, 5 Jahre)

Paula (5 Jahre): »Mama, was ist Glück?«
»Was Schönes.«
»Und was ist Pech?«
»Was nicht so Schönes.«
»Und wenn man ein Gummibärchen GANZ verschluckt hat?«

»Was passiert, wenn die Guten im Himmel böse werden?« (Leonie, 9 Jahre)

Jonathan (5 Jahre) in einem Gespräch über die Schöpfung: »Wie hießen die Eltern von Gott?«

»War Jesus eigentlich schon als Baby heilig?« (Carla, 6 Jahre)

Maximilian (4 Jahre), nachdenklich beim Verzehr eines Schokoriegels: »Wenn ich gestorben bin, krieg ich dann keine Süßigkeiten mehr?«

»Wie kommen die Gedanken in meinen Kopf?« (Sara, 5 Jahre)

Merle (5 Jahre): »Ist die Welt zu Ende, wenn es nur noch ein Kind gibt?«

Mama: »Heute wäre die Oma 70 Jahre alt geworden. Die macht bestimmt eine Party im Himmel.« Lily (3 Jahre) überlegt kurz und meint dann: »Aber, Mama, im Himmel kann man ja gar keine Party machen, da kann man doch keine Tische und Stühle aufstellen?«

»Mama, sind Wolken hart oder weich?«
(Ida, 5 Jahre)

Stephanie (5 Jahre):
»Ist Gott sauer, wenn es hagelt?«

»Was werden eigentlich Männer im Himmel, wenn die Engel alle Frauen sind?« (Carina, 6 Jahre)

Emilia (4 Jahre) spielt Mundharmonika,
hält dann plötzlich inne und fragt erstaunt:
»Wer macht eigentlich die Musik da drin?«

»Mama, wer sind eigentlich meine Eltern,
wenn ich groß bin?« (Carlotta, 7 Jahre)

»Gell, Mama, im Klo schläft der Stinker?«
(Maximilian, 3 Jahre)

»Was war der Lebkuchen eigentlich früher mal?«
(Carla, 4 Jahre)

Anna (5 Jahre): »Warum singt man eigentlich nicht *Winter ade, Penis tut weh*?«

Jonathan (7 Jahre) beim Angeln:
»Warum stinken Fische so, obwohl sie
immer im Wasser sind?«

*Maximilian (3 Jahre) sieht an einer Bushaltestelle
einen Jugendlichen mit großen Kopfhörern:
»Gell, Mama, der macht einen Hörtest?«*

Erzieherin: »Wohin kommen die
alten Menschen, wenn sie gestorben sind?«
Bruno (5 Jahre): »In das Museum.«

Raphael (4 Jahre) hat erkannt:
»Am allerschönsten, am allerwichtigsten und
am allerfröhliksten ist das Leben.«

*Emanuel (7 Jahre) über die Aussage, dass geteilte
Freude doppelte Freude ist: »So ein blöder Spruch!«*

**»Die lieben Menschen kommen
in den Himmel, und die bösen werden
begraben.« (Timo, 5 Jahre)**

*»Donner ist, wenn die Wolken wackeln.«
(Fanny, 3 Jahre)*

»Man soll nicht töten, sonst tötet auch mal
jemand zurück.« (Jan, 5 Jahre)

»Mit Müttern schimpft man nicht, die sind nämlich
nützlich!« (Ferdinand, 5 Jahre)

Raphael (5 Jahre) im Streitgespräch mit seinem Bruder: »Wenn ich spinne, dann spinnst du auch – wir sind eine Familie!«

»Mamas und Papas brauchen keine Eltern mehr, deshalb werden die dann Großeltern.«
(Antonio, 6 Jahre)

»Wenn ich Mama bin, darf ich endlich Scheiße sagen!« (Emma, 5 Jahre)

Lukas (5 Jahre) kann einfach nicht einschlafen und erklärt seinen Zustand: »Mama, das eine Auge will schlafen, das andere Auge nicht!«

»Ratschen kann man immer, manchmal ist es nützlich, manchmal nicht.« (Emanuel, 8 Jahre)

Nick (5 Jahre): »Richtige Großmütter können ihre Zähne aus dem Mund nehmen.«

Wenn Papa etwas nicht weiß, Knödel er es im Internet.

Raphael (6 Jahre): »Ohne die Seele kann man nicht leben und ohne Herz auch nicht und auch nicht ohne Gehirn. Und wenn man betrunken ist, fällt das Gehirn durcheinander, und darum fällt der Mensch auch durcheinander.«

Rebeccas Bruder ist für eine Woche im Schullandheim. Die Erzieherin in der Mittagsbetreuung fragt sie: »Und freust du dich, dass du jetzt mal ganz alleine zu Hause bist?«
Rebecca (9 Jahre): »Ja, da fühlt man sich so BEHANDELT.«

»Heutzutage gibt es keine Wunder mehr, weil wir das Fernsehen und den Computer haben.« (Delphine, 8 Jahre)

Sam (6 Jahre) hat erkannt:
»Wenn Mama am Computer sitzt, kann ich alles haben und darf alles. Die sagt dann immer Ja, wenn ich was frage.«

»Warum hat man noch ein normales Telefon, wo es doch Handys gibt?«, überlegt Raphael (6 Jahre) laut. »Ach ja – weil man das Handy immer suchen muss …«

Timo (5 Jahre), weise: »Der Saft spiegelt sich im Glas, und der Lehrer spiegelt sich in den Kindern.«

»Ein Kreis ist ein rundes Quadrat.« (Markus, 5 Jahre)

Herbert Grönemeyer singt im Radio: »Tausend Haare in der Suppe, dein Löffel hat ein Loch.« Raphael (6 Jahre) kommentiert: »Aha, da geht's ums Essen.«

»Auf dem Zebrastreifen kann man mehrere Fußgänger auf einmal überfahren.« (Brian, 5 Jahre)

Kasper (6 Jahre) erkennt zu seiner großen Enttäuschung in der Tierhandlung: »Vogelspinnen können nicht fliegen.«

Jonas (3 Jahre) sitzt bei Oma und Opa am Klavier und klimpert eine Weile herum. Nach einer Weile stellt er fest: »Wenn man die Gaspedale tritt, dann kann man richtig Klavier spielen!«

»Ich weiß, wie Feuermachen geht. Das ist total einfach. Man muss sich nur Glut kaufen und dann mit einem Holz drin rumpulen.« (Jonathan, 5 Jahre)

»Die Völker müssen miteinander reden, sonst wird der Frieden gefährlich.« (Julian, 7 Jahre)

Vivien (10 Jahre): »Die Menschen von heute müssen sich dringend mit der Zukunft befassen, denn sie liegt unmittelbar vor uns.«

Vermeintes und Versagtes

Ich kann auf dem Klavier schon das Alphabet spielen

*Alex (6 Jahre): »Mama, spielen wir mal
das Frauenspiel?« (Gemeint war das Brettspiel Dame.)*

»Da kommt einer angetrottelt.«
(Lorenz, 4 Jahre)

*Der Nachrichtensprecher im Fernsehen
berichtet über Washington.
Marla (5 Jahre), erstaunt: »Was sagt der
von Wurstschinken?«*

Leonie (8 Jahre) erzählt einem Bekannten:
»Meine Uroma war im Krankenhaus der
Erbärmlichen Brüder.« (Gemeint waren
Barmherzige Brüder.)

*Mama verkündet Jonas (2 Jahre) freudig:
»Matthias und Silvia bekommen ein Baby. Das heißt,
du bekommst einen Cousin oder eine Cousine!«
Jonas, skeptisch: »Eine Rosine?«*

*Laras Papa liegt am Sonntagmorgen noch im Bett.
Lara (3 Jahre): »Papa möchte noch ein bisschen
faulen, Mama …«*

An einem heißen Sommertag ist das Planschbecken
im Garten aufgestellt. Benedikt (2 Jahre) hat sich
mit Schwimmutensilien ausgestattet.
Auf dem Weg nach draußen sagt er: »Ich geh
ins Winni Pu!« (Gemeint war Swimmingpool.)

»Wir haben zu Hause eine Karrierebahn
mit blauen und roten Autos.«
(Sarah, 6 Jahre)

»Das Papier ist zum Boden geschwoben.«
(Dario, 5 Jahre)

Kasper (3 Jahre) soll einem Bekannten
im Garten den Kompost zeigen.
Er geht zielstrebig auf den Briefkasten zu und
verkündet eifrig: »Da kommtPost!«

Alina (6 Jahre) hat in der Neubausiedlung die Orientierung verloren. Zu ihrer Verteidigung sagt sie: »Ich bin eben nicht orientalisch.«

Clara (10 Jahre) kommt weinend aus der Schule: »Mama, die haben gesagt, ich bin eine Ziegenscheide!« Mutter irritiert: »Was sollst du sein?« Nach einigem Herumrätseln wird klar, was gemeint war: eine Siebengescheite!

Hanna (5 Jahre) deutet in einem Buch auf ein Bild einer Walt-Disney-Prinzessin: »Mama, das ist die Prinzessin Mozzarella!« (Gemeint war Cinderella.)

Der Fotograf ist im Kindergarten und macht Porträts und Gruppenbilder. Fridolin (4 Jahre) war schon dran.
Stolz erklärt er den wartenden Kindern: »Ich bin heute schon geblitzt worden!«

Mein Papa hat Angela Merkel schon mal in freier Wildbahn gesehen.

*Paula (5 Jahre) erzählt der Oma vom Campingurlaub:
»Es gab einen eigenen Platz für die Nackten.
Den TKKG-Strand!«*

Jost (6 Jahre) erzählt mit großen Gesten
von seinem Schwimmbaderlebnis: »Mich hat
das Wasser weggeströmt!«

Lara (4 Jahre): »Mama, heute bist du aber
zickzack!« (Gemeint war zickig.)

*Emanuel (6 Jahre) zu seinem Bruder: »Da schaust
du blöd aus der Spülmaschine, was!«*

**»Im Sommer darf ich immer kurzärmelige
Hosen tragen.« (Carlos, 5 Jahre)**

Emil (3 Jahre) steht vor einem kleinen Blumenbeet,
das jemand um einen Baum herum angelegt hat.
Plötzlich entdeckt er, dass sich hier ein Hund verewigt
hat, und zeigt empört auf die Wurst: »Mama, die
Kacka gehört nicht in die Gebete!«

»Mein Zug hat eine Hupe und eine Blinke.«
(Jost, 6 Jahre)

»Heute bin ich ganz verschöpft!«
(Elisabeth, 5 Jahre)

Lukas (5 Jahre) sieht im Frühling
die Schneeglöckchen aus der Erde sprießen:
»Schau mal, Klingglöckchen!«

»Ich kann schon eine Pürolette.«
(Leonie, 8 Jahre)

Emilo (5 Jahre) im Garten: »Kommt,
wir spielen Räuber und Sandalen!«

Emanuel (7 Jahre) zu seinem Bruder, als dieser bei
einem Spiel aufgeben möchte: »Jetzt werf doch nicht
gleich das Gewehr in das Getreide!«

»Mir ist warm, und mir ist essig.«
(Lorenz, 4 Jahre)

»Ich fahr auf dem Oktoberfest nicht Achterbahn, die ist mir zu gefährlich. Ich fahr lieber Fünferbahn.« (Philipp, 4 Jahre)

*Lena (6 Jahre) sucht ihre Flip-Flops.
Die Mama hilft ihr dabei.
Als sie Lena einen davon überreicht, schüttelt das Mädchen den Kopf: »Nein, Mama. Das ist der Flipi, ich such doch den Flopi!«*

Mama hat am nächsten Tag Geburtstag.
Sie fragt Jonas (2 Jahre): »Singst du mir denn morgen früh mit Papa zusammen ein Geburtstagslied?«
Jonas: »Ja! Wir singen das mit Haare Bürste.« (Gemeint war Happy Birthday.)

*Elisa (4 Jahre) hat sich im Kindergarten
geschminkt und fragt die Erzieherin:
»Dürfen wir uns mal spiegeln?«*

Lara (5 Jahre) weiß, wie das Teil heißt, das man zum Autofahren benötigt: »Ein Autogramm.«

Luis (4 Jahre) sieht sich im Kindergarten
ein Wimmelbilderbuch an. Beim Abholen erzählt
er seiner Mutter: »Heute hab ich ein Pimmelbuch
angeschaut.«

*Beim Endspiel der Fußball-WM ruft Greta (5 Jahre)
euphorisch: »Wenn Deutschland gewinnt, wird
Deutschland WALDMEISTER!«*

Olivia (4 Jahre) erzählt einer Bekannten, nachdem ihr
Vater den ganzen Tag mit einem Pinsel die Wände
ihres Zimmers neu gestrichen hat: »Mein Papa
hat im Kinderzimmer gepinkelt.«

Das schönste im Winter ist das Schneeballschlachten.

Melek (8 Jahre) präsentiert stolz ihr neues
Oberteil mit Spaghettiträgern: »Schau,
ich hab heute ein Nudelshirt an.«

*Malte (7 Jahre) zu seiner kleinen Schwester,
die gerade »Apfel-Mangelmus« anstatt
»Apfel-Mangomus« gesagt hat: »Krass gedeutscht ey!«*

Raphael (6 Jahre): »Auf dem Dorfplatz
steht ein Bayernturm.« (Gemeint war
ein Maibaum.)

»Hurra, es regnet aus Strom!« (Yusra, 4 Jahre)

Lorenz (4 Jahre) legt mit seiner Mutter
im Garten ein Beet an.
Eifrig holt er sich einen Meterstab und erläutert:
»Ich muss das mal ausgrößen.«
Mama: »Was machst du?«
Lorenz: »Na, ich muss das mal metern!«

Das Navigationsgerät im Auto ertönt:
»Bitte dem Straßenverlauf folgen.«
Lukas (4 Jahre), unsicher: »Mama,
verläuft man sich hier?«

Len (6 Jahre) blättert einen Bildband von Andy Warhol durch, liest den Titel und sagt dann: »Also OPA–Art find ich voll blöd.« (Gemeint war POP-Art.)

Timo (6 Jahre) beim Monopoly:
»Ich habe hochhaus gewonnen!«

»Als mein Dreirad kaputt war, hat mein Opa es opariert.« (Franziska, 5 Jahre)

Die Mutter macht sich für einen wichtigen Arbeitstermin zurecht. Theresa (5 Jahre) sieht aufmerksam zu und fragt dann: »Mama, ziehst du heute wieder deinen Sarkophag an?« (Gemeint war Sakko.)

Lena (3 Jahre) zu ihrer kleineren
Schwester: »Deine Nase ist verrostet.«
(Gemeint war verrotzt.)

*Beim Verzieren der Weihnachtsplätzchen fragt Sophia
(4 Jahre): »Mama, machst du noch Strolchis drauf?«
(Gemeint waren Streusel.)*

Dies und das

Gleich find ich immer so lang.

Bei einem langen Spaziergang will das ersehnte Gasthaus mit Mittagessen einfach nicht näher rücken. Leonie (8 Jahre), erbost: »Die Wirtsleute sind aber auch so was von gemein, dass sie das Restaurant auf die andere Seite vom See gestellt haben!«

Kian (4 Jahre), verärgert auf einer Wanderung: »Ich hab doch keinen Allradfuß ...«

Vor dem Deutschlandspiel bei der Fußball-WM 2014 hat sich die ganze Familie vor dem Fernseher versammelt. Während die Nationalmannschaft die Hymne singt, schwenkt die Kamera von einem Spieler zum anderen. Neben Thomas Müller steht Philipp Lahm.
Sam (3 Jahre) ruft erfreut: »Mama, schau mal! Ein Kind!«

Emanuel (8 Jahre) beschreibt Jugendliche: »Also, die sind fünfzehn oder so, laufen mit der Bierflasche in der Hand rum und rufen immer: Ho he ho ...«

Bei einem Spaziergang im Schnee läuft Benedikt (5 Jahre) plötzlich in eine andere Richtung.
Papa: »Halt, wohin gehst du?«
Benedikt, verschwörerisch: »Ich hab Spuren von spitzen Schuhen gefunden – die sind von einem Räuber!«

Tobias (4 Jahre) darf zum ersten Mal in seinem Leben auf das Münchner Oktoberfest gehen. Aufgeregt erzählt er einem Bekannten: »Das Oktoberfest ist das berühmteste Volksfest der Welt!« Kurz darauf stockt er, denkt über seine Worte nach und erkundigt sich leise: »Mama, muss man da eigentlich folgen?«

Die Mutter muss kurz etwas erledigen und erklärt den Kindern, dass sie die Haustür nicht aufmachen sollen, wenn es während ihrer Abwesenheit klingelt.
Anna (5 Jahre), verständig: »Ja, klar! Da kommt dann einer und zieht die Schuhe nicht aus, und du hast grad geputzt!«

Lia (2 Jahre) darf zum ersten Mal ein Fußballspiel sehen. Der Vater erklärt die Regeln und fragt abschließend: »Und, Lia, bist du für die gelbe Mannschaft oder für die Blauen?«
Lia überlegt kurz und antwortet: »Für die Grünen.«
(Grün gekleidet waren die Schiedsrichter.)

Felicitas (6 Jahre) singt mit Leidenschaft im Chor und versteht sich auch mit dem Leiter Herrn Steinbügel hervorragend. Zu Hause erklärt sie feierlich: »Wenn ich einmal ein Kind habe, soll es Herr Steinbügel heißen!«

Lara (3 Jahre) soll aufräumen und ihre Schubladen schließen. Die Mutter kommt nach einiger Zeit zurück ins Kinderzimmer.
Mama: »Lara, die Schubladen sehen ja aus wie vorher?«
Lara, achselzuckend: »Da soll frische Luft ran.«

»Heute muss ich mich wertvoll anziehen.«
(Lena, 4 Jahre)

Paula (5 Jahre) kommt ins Badezimmer, in dem die Mutter ein Lavendel-Entspannungsbad nimmt, und erkundigt sich: »Warum stinkt das denn so blau?«

In der vollen U-Bahn erklärt Timo (4 Jahre) fröhlich: »Mama, schau mal! Die Frau sieht aus wie Shrek!«

Kian (2 Jahre) hat den Wecker repariert.
Die Mutter staunt: »Toll, Kian,
wie hast du ihn repariert?«
Kian: »Mit dem Hammer.«

Lukas (4 Jahre) hört ein rockiges Lied im Radio und
freut sich: »Mama, das ist mein Lieblingslied.«
Mama: »Aha, warum denn?«
Lukas: »Weil der Mann so schreit.«

Lena (7 Jahre) redet sich beim Beschimpfen der Nachbarskinder in Rage: »Ihr seid aber auch so was von bescheuert! Ihr seid überhaupt die Allerdoofsten! Ihr seid ja sogar noch viel blöder als wir!«

Wenn ich groß bin fahre ich auch so ein Auto ohne Deckel.

Es ist Schlafenszeit, aber Timo (4 Jahre)
hört nicht auf, auf seinem Bett zu hüpfen.
Er möchte, dass sein Vater auch mithüpft.
Timo droht: »Papa, jetzt mach mit –
sonst höre ich auf!«

*Emilia (4 Jahre) schaut in Papas Mund
und untersucht eine Weile seine Zähne.
Schließlich ruft sie begeistert: »Oh, du hast
zwei Goldmedaillen gewonnen!«*

Raphael (7 Jahre) hat einen
Schneidezahn verloren. Manchmal zweifelt
er schon an der Zahnfee, aber Bruder
Emanuel (9 Jahre) belehrt ihn: »Ich weiß
genau, wie das geht. Die Zahnfees sitzen
in einem großen Raum mit lauter Computern.
Da schicken dann die Mamas die E-Mails hin,
und so wissen sie, welche Kinder gerade
einen Zahn verloren haben. Anders würde
das ja gar nicht gehen.«

Die Mutter kommt total erledigt von der Arbeit nach Hause, wo bereits ein Riesenchaos und ein großer Wäscheberg warten. Überfordert lässt sie sich auf die Couch fallen und weint ein wenig.
Anna (5 Jahre) blickt sie an und meint nüchtern:
»Mama, da kommt aber ganz schön der Dreck raus!«
(Die Mutter war geschminkt.)

»Wir haben Fußball gespielt am Wochenende.
Ich hatte meine Knollenschuhe an.«
(Emilio, 4 Jahre)

Timo (5 Jahre) unterbricht die Unterhaltung nur ungern: »Heb die Wörter auf – ich muss mal kurz auf die Toilette.«

Beim Toilettengang in Spanien ist das Symbol auf der WC-Tür beschädigt. Raphael (8 Jahre): »Na gut. Dann geh ich eben auf die Toilette für die geköpften Herren.«

»Ich bin schon sehr alt,
aber ich habe noch keine Enkel.« (Aurelia, 6 Jahre)

Lara (4 Jahre) holt einen großen Popel aus der Nase.
Mama: »Pfui. Hol dir bitte ein Taschentuch
und wasch dir dann die Hände.«
Das Mädchen hält die Errungenschaft
auffordernd der Mutter hin.
»Lara, ich möchte deinen Popel nicht,
hol dir dafür bitte ein Tempo.«
Die Kleine versucht, den Popel auf den Tisch zu legen.
Mama, entrüstet: »Also wirklich, auf den Tisch
gehört der ja nun überhaupt nicht!«
Lara überlegt kurz und steckt sich dann den Popel
wieder zurück in die Nase.

»Streichhölzer müssen gut versteckt sein,
damit sie keine Kinder bekommen.« (Elisa, 5 Jahre)

»Mein Papa hat eine
neue Kamera mit Millionen von
Pickeln.« (Flynn, 7 Jahre)

Mama trägt eine Gesichtsmaske auf.
Tommi (5 Jahre): »Warum schmierst du
dir das Gesicht voll?«
Mama: »Das ist für meine Schönheit!«
Als sie die Maske wenig später wieder zu entfernen
beginnt, fragt Tommi: »Und jetzt?
Hast du es aufgegeben?«

Timo (6 Jahre) war mit seiner Patin
im Kindermuseum. Begeistert
berichtet er seiner Mutter:
»Die Birgit ist viel netter als du.«
Mama: »Vermutlich hast du brav gehorcht.«
Timo: »Nein, die gehorcht mir. Wenn ich eine
Semmel will, dann bekomme ich die auch.«

Jonna (5 Jahre): »Zu meinem Geburtstag
will ich zehn Leute einladen!«
Mama: »Ist das nicht ein bisschen viel?«
Jonna: »Aber es ist doch ein runder Geburtstag!«
Mama: »Wieso, du wirst sechs.«
Jonna: »Ja, und bei der Sechs ist doch unten
eine runde Kugel dran.«

Das Gefühl von einem Wakelzahn ist ein Gefühl wie... **GLÜCKLIGH SEIN!**

Mama holt Mattis (2 Jahre) mit dem Fahrrad aus
der Kita ab. Es ist ein strahlender Sommertag.
Mama: »Na, Mattis, wo wollen wir jetzt noch
hinfahren – ein Eis essen, auf den Spielplatz
oder ins Schwimmbad?«
Mattis überlegt kurz: »Nach Mexiko!«

Mama ist nervös, weil der Schwiegervater
mit seiner neuen Frau zu Besuch kommt. Die beiden
Kinder haben ihre schönsten Kleider an und
werden offiziell vorgestellt.
Mona (7 Jahre) blickt die elegante und sehr stark
geschminkte Dame, die sehr auf ihr Aussehen bedacht
ist, lange an und sagt schließlich: »Gell, Tante Ursula,
du bist schon eine ganz, ganz alte Frau!«

Lukas malt erste Buchstaben.
Mama, erfreut: »Oh, du hast ja ein
M wie Mama geschrieben.«
Lukas (4 Jahre): »… oder wie
McDonald's.«

*Anna (6 Jahre): »Heute hat der Ben in der Schule
sein iPad und sein Handy dabeigehabt!«
Mama, entsetzt: »Wer braucht denn in der ersten
Klasse ein iPad oder ein Handy?« Nachdem sich die
Mutter eine Weile aufgeregt hat, sagt sie abschlie-
ßend: »Mal ehrlich, Anna: Brauchst DU ein iPad?«
Anna setzt sich aufrecht hin und erklärt mit festem
Blick: »Mama! Ich brauch kein
iPad, ich brauch ein Zwergkaninchen!«*

**»Auf dem Spielplatz haben wir
ein tolles Loch gegraben, aber Mama
hat uns verboten, es mit nach Hause
zu nehmen.« (Roman, 4 Jahre)**

Danksagung

Vielen Dank an alle Kinder, Eltern und Freunde, die dazu beigetragen haben, dass dieses Buch entstehen konnte. Mein besonderer Dank gilt allen Künstlern und Künstlerinnen, die mit ihren Zeichnungen dieses Buch bereichert haben:

LAURENZ Anna BENEDIKT FANNY

GRETA KATHARINA Carla JAN Sara

Malte Patricia Leonie Felix Jonathan

Maximilian NIKE HANNA Maximilian

Paula Lena JANIS TIM KASPER

Überraschendes, Lästiges und Lustiges zum Thema Kinder – die besten Tipps, Tricks und Grafiken als Buch

Kinder verändern das Leben radikal – doch das ist noch lange kein Grund, sich nur noch für Windelgeruch, Kinderwagenmodelle und Milchzähne zu interessieren. Ob es darum geht, als Familie zu leben, ein Paar zu bleiben oder wieder zu arbeiten, hier stehen Eltern und ihre Bedürfnisse im Mittelpunkt. Ein buntes Sammelsurium zum Schmökern, Schmunzeln oder Schenken für die neue Elterngeneration.

978-3-453-60298-4

Leseproben unter **www.heyne.de**